Alfabetização de adultos

Dados Internacionais de Catalogação na Publicação (CIP)
(Câmara Brasileira do Livro, SP, Brasil)

Fuck, Irene Terezinha
  Alfabetização de adultos : relato de uma experiência pós-construtivista / Irene Terezinha Fuck. – 12. ed. – Petrópolis, RJ : Vozes, 2012.

  ISBN 978-85-326-4233-2
  Acima do título: Geempa – Grupo de Estudos sobre Educação, Metodologia de Pesquisa e Ação.
  Bibliografia.
  1. Alfabetização de adultos – Educação I. Título.

06-9171   CDD-374

Índices para catálogo sistemático:
1. Alfabetização de adultos : Educação 374

Irene Terezinha Fuck

Geempa - Grupo de Estudos sobre Educação - Metodologia de Pesquisa e Ação

Alfabetização de adultos

Relato de uma experiência pós-construtivista

EDITORA VOZES

Petrópolis

© 1993, Editora Vozes Ltda.
Rua Frei Luís, 100
25689-900 Petrópolis, RJ
Internet: http://www.vozes.com.br
Brasil

Todos os direitos reservados. Nenhuma parte desta obra poderá ser reproduzida ou transmitida por qualquer forma e/ou quaisquer meios (eletrônico ou mecânico, incluindo fotocópia e gravação) ou arquivada em qualquer sistema ou banco de dados sem permissão escrita da Editora.

Diretor editorial
Frei Antônio Moser

Editores
Aline dos Santos Carneiro
José Maria da Silva
Lídio Peretti
Marilac Loraine Oleniki

Secretário executivo
João Batista Kreuch

Projeto gráfico: Sheilandre Desenv. Gráfico
Capa: Omar Santos

ISBN 978-85-326-4233-2

Editado conforme o novo acordo ortográfico.

Este livro foi composto e impresso pela Editora Vozes Ltda.

Dedico este trabalho a todos os meus alunos do Curso de Alfabetização de Adultos, que me levaram a crer novamente na possibilidade de se desenvolver um trabalho em sala de aula, que efetivamente considere o aluno enquanto sujeito de seu próprio processo de construção do saber.

Em especial a Maria Olendina, a Ludite, a Maria Inácia, ao Seno e ao Laurindo por terem sido, entre os alunos do curso, os que mais me ensinaram.

SUMÁRIO

Apresentação à 12ª edição, 9

A psicogênese da alfabetização de adultos, 13

Uma experiência pós-construtivista, 37
   1 Constituição de uma classe, 37
   2 Análise das principais atividades desenvolvidas, 45
     2.1 Textos coletivos, 59
     2.2 Tarefa de casa, 63
     2.3 Tesouro de palavras, 74
     2.4 Dicionário, 82
     2.5 Jornal, 84
   3 Fatores que interferiram no processo e tiveram que ser trabalhados no sentido de superá-los, 86
   4 Observações que mereceram destaque durante a prova/teste, 90
   5 Repercussão na família e na comunidade, 98

Deslocando o eixo – À guisa de conclusão, 109

Referências, 115

Anexos, 119
   1 Tabelas estatísticas, 119
   2 Entrevista de alunos, 120

Apresentação à 12ª edição

É indispensável reapresentar *Alfabetização de adultos* de Irene Terezinha Fuck porque, no tempo decorrido entre sua primeira edição e a próxima, deu-se uma elaboração historicamente relevante: a definição do **pós-construtivismo** como uma nova teoria das aprendizagens diferente do construtivismo. Destarte, no subtítulo do livro de Irene impõe-se o acréscimo do prefixo "pós" antes da palavra construtivista. Este prefixo que parece singelo encerra um passo definidor no esforço de compreender como se ensina e como se aprende. Ele implicou uma desconstrução do construtivismo para que fosse construída uma nova teoria das aprendizagens – o pós-construtivismo.

É insistente a pergunta: Mas se é outra teoria, por que mantém a palavra construtivismo?

Por que uma nova teoria não destrói inteiramente as que a precederam. Ela as desconstrói. Desconstruir não é o mesmo que destruir. Destruir pode ser associado a implodir, reduzir a pó o que antes era, por exemplo, tijolo, telhas, concreto num edifício. Desconstruir, diferentemente, é desfazer uma totalidade conservando suas partes ou ao menos algumas delas, as quais podem vir ou não a serem utilizadas em uma nova construção.

Insiste outra pergunta: Por que fazer uma nova construção se as partes constituintes da anterior podem ser reaproveitadas?

Porque a construção existente disponível não dava mais conta das demandas para a qual foi feita.

Lacunas no inatismo levaram à elaboração do empirismo. Lacunas, isto é, incompletudes em ambas – no inatismo e empirismo, levaram ao construtivismo. Outra vez, lacunas, ou melhor, incompetências no construtivismo que explicassem como se aprende, conduziram ao **pós-construtivismo**, sempre a partir de uma desconstrução da teoria ou das teorias que a precederam.

A incompetência ou a incapacidade de explicar como acontecem os conhecimentos, em situações-limite não são mais resolvidas por reforma ou ampliação desta explicação até então disponível nas estruturações teóricas. Situações-limite requerem uma reestruturação global no arcabouço das ideias em jogo. É quando emerge uma nova teoria explicativa em um determinado campo conceitual.

Metaforicamente, podemos considerar que cada teoria é como uma construção material de um prédio ou de uma casa. De acordo com seu tamanho, com suas características e com suas finalidades, uma casa, por exemplo, é construída a partir de uma estrutura: alicerces ou fundações, sistema de sustentação vertical e vigas. A esta estrutura se agregam os demais elementos: paredes, piso, cobertura, aberturas, sistemas elétrico e hidráulico, e finalmente móveis e utensílios.

Quando esta casa não serve mais às suas finalidades, e neste mesmo terreno se quiser construir outra maior, mais funcional e mais adequada, não é possível ampliá-la em cima da estrutura já existente. Impõe-se sua desconstrução para assentar novas fundações para satisfazer exigências não satisfeitas pela construção anterior. Cada estrutura tem uma completude em si mesma. Ela se basta, porque tem articulações coerentes e consistentes que constituem um sistema interno eficaz de sustentação. Partes da antiga construção podem vir a ser agregadas à nova, desde que coerentes com esta nova estruturação.

É imperioso, entretanto, dar-se conta da condição indispensável de desconstrução para que se construa algo estruturalmente novo e mais eficiente.

Estes são alguns elementos que justificam o acréscimo do prefixo "pós" à palavra construtivismo do título do livro de Irene Terezinha Fuck. O que o livro contém é pós-construtivista e não construtivista. O porquê desta afirmação fica ao encargo dos leitores, que podem buscar subsídios na trajetória das elaborações de Henri Wallon, de Lev Simenovitch Vygotsky, de Sara Pain, de Gérard Vergnaud, da antropologia e do Geempa.

Desejo muita curtição na leitura gostosa do livro de Irene que continua útil e válido para quem quer iniciar-se nas riquezas do **pós-construtivismo**.

Carinhosamente,

julho de 2011

A psicogênese da alfabetização de adultos

As bases teóricas da experiência de alfabetização realizada diretamente em sala de aula, com um grupo de 15 alfabetizandos adultos, bem como as reflexões deste trabalho, têm como referencial principal a proposta de alfabetização do Geempa – um grupo de estudos que vem, desde 1979, pesquisando o desenvolvimento das operações intelectuais na criança e trabalhando na construção de uma proposta didática, uma vez que a didática é a ciência da reestruturação de um determinado conhecimento com vistas à sua aprendizagem.

A proposta do Geempa, por sua vez, tem como base as investigações, realizadas por Emília Ferreiro, sobre a psicogênese da escrita na criança, que evidenciam que o processo de alfabetização nada tem de mecânico do ponto de vista da criança que aprende.

"Essa criança se coloca problemas, constrói sistemas interpretativos, pensa, raciocina e inventa, buscando compreender esse objeto social, tal como ele existe em sociedade" (FERREIRO, 1985: 7).

Emília Ferreiro é doutora pela Universidade de Genebra, onde teve o privilégio de ser orientanda e colaboradora de Jean Piaget. Suas pesquisas são realizadas à luz da teoria de Piaget – O construtivismo. Lino de Macedo, em seu artigo "Construtivismo e aprendizagem da escrita" adverte que a aplicação das ideias de Emília Ferreiro, no ensino, implica necessariamente que elas se compatibilizem com uma certa teoria da aprendizagem, no caso, o pós-construtivismo. Sem isso, a aplicação carece de garantia de eficácia (apud: GROSSI, 1985: 10).

Portanto, utilizar a proposta do Geempa, que tem por base os estudos de Emília Ferreiro, implica compatibilizar-se com o quadro mais amplo do pós-construtivismo, proposto por Piaget e ampliado pelos pós-piagetianos, como uma proposta epistemológica para a prática pedagógica. Sendo assim, estão presentes os componentes afetivos, os perceptivo-motores, os sociais e os culturais, todos entrelaçados numa trama indissolúvel.

"A proposta didática do Geempa, associada a outras teorias de aprendizagem, que não a do pós-construtivismo, não faz sentido e provavelmente não vai dar certo.

Aliás, não pode dar certo porque será como tentar misturar água e azeite, cujas densidades diferentes não combinam. Vai restar mais uma vez para o aluno malabarista (que não são todos) encontrar o seu caminho no labirinto mal enjambrado do contexto escolar. Isto assumirá enorme gravidade quando se tratar de alfabetizar crianças de classes populares.

É importante enfatizar que não faz sentido tentar associar o uso das cartilhas, ou as grandes linhas dos métodos tradicionais de alfabetização, com a prática da proposta de alfabetização do Geempa. Há nisso uma contradição interna, porque as cartilhas não consideram a peculiar lógica do desenvolvimento cognitivo do aluno, apoiando-se tão somente na lógica do sistema de escrita a ensinar" (GROSSI, 1985: 11-12).

O contrário porém é viável, isto é, para alguém que compreendeu o eixo da proposta, é possível selecionar hora e lugar para inserir certas atividades do ensino tradicional. Os parâmetros que estão na base da proposta didática do Geempa são fundamentalmente distintos das concepções que, em geral, orientam as atividades em sala de aula.

Ao considerar a inter-relação dos aspectos anteriormente citados, a proposta aparece como uma forma possível de fazer com que a educação seja o processo através do qual o indivíduo toma a história em suas próprias mãos, a fim de mudar o rumo da mesma. Como? Acreditando no educando, na sua capacidade de aprender, descobrir, criar soluções, desafiar, enfrentar, propor, escolher e assumir as consequências de sua escolha. Mas isso não será possível se continuarmos bitolando os alfabetizandos com desenhos pré-formulados para colorir, com textos criados por outros para copiarem, com caminhos pontilhados para seguir, com histórias que alienam, com métodos que não levam em conta a lógica de quem aprende.

A descoberta da psicogênese da alfabetização poderá contribuir para a superação dessa prática. "A psicogênese da alfabetização é a forma singular como uma criança ou adulto constrói o seu saber sobre o que é ler e escrever" (GROSSI. In: GEEMPA, 1989).

Uma longa caminhada, muito interessante, constitui a psicogênese, caracterizada pela formulação de hipóteses sucessivas, tais como: inicialmente se escreve com desenhos assim como se lê em desenhos. Quem ainda não viu uma criança dizer-nos, quando da leitura de um livro de histórias, que podemos passar à página seguinte, após ter olhado suficientemente as figuras, como se nada mais houvesse ali para ser lido?

Denomina-se este nível de Pré-silábico I (PS1).

"Após, as crianças descobrem que se escreve com letras, mas isto não significa que imediatamente elas compreendem que a escrita tem a ver com a pronúncia das palavras. A criança segue no seu processo perguntando coisas como: 'Lê-se tudo o que está escrito, escreve-se tudo o que se lê'? Isto é, leitura e escrita estão intrinsecamente vinculadas ou elas guardam certa independência? Leem-se frases? Letras e números são iguais? Qual a quantidade de letras que devem aparecer para que coisas escritas possam ser lidas? Suas ideias sobre a escrita, nesse momento, são bizarras, ainda. Por exemplo, para elas 'boi' se escreve com muitas letras, porque é um animal grande, mas 'formiga' tem poucas letras porque é um bichinho pequeno. Ocorre-lhes pensar que só se escrevem substantivos, mas nunca verbos. Ao serem informadas do significado da frase seguinte – 'O menino joga bola' – pensam que as palavras 'menino' e 'bola' estão efetivamente escritas, mas a palavra 'joga', não. Eles dizem: 'Joga se faz, não se escreve'. Estas hipóteses, entre outras, caracterizam o nível Pré-silábico 2" (PS2) (GROSSI, 1985: 4).

As criança das classes populares, por não conviverem na maioria das vezes com situações que envolvem materiais de leitura e escrita, não avançam muito além do pré-silábico, o que implica na falta de estrutura para acompanhar/aprender a ler e escrever a partir de um método tradicional, uma vez que o ponto de partida dos mesmos é igual para todos, não importa o nível em que a criança se encontra frente à leitura e à escrita. Só posteriormente aparece o Nível Intermediário III2, que fica entre o pré-silábico 2 e o silábico, caracterizado pelo conflito.

"O pré-silábico 2 tem como pré-requisito a compreensão da estabilidade da escrita das palavras, isto é, a constatação de que uma palavra é escrita sempre da mesma maneira – com as mesmas letras e numa mesma ordem. Dar-se conta de que as palavras são estavelmente constituídas é a culminância do nível PS2. Esta culminância é alcançada através da experiência de reconhecimento da escrita global de um certo número de palavras, sendo, portanto, indispensável que os alfabetizandos tenham razões para conhecer um conjunto de palavras, que lhes propicie a ideia de estabilidade da sua escrita.

A conquista desta estabilidade se faz por meio de um trabalho amplo com a escrita de muitas palavras significativas. Trata-se de um trabalho e não de mero contato com escritas, uma vez que o que preside a aprendizagem é a ação e não a percepção. A ação que produz a aprendizagem são as diligências para resolver problemas. Por muito tempo se confundiram estas diligências como motricidade ou com engajamento em experimentações concretas, como preconizou a escola ativa. Hoje sabemos que agir intelectualmente é resolver problemas, sendo que, nesta perspectiva, problema não tem conotação negativa nem limitada à sua visão tradicional no campo da matemática. Na visão tradicional, resolver problemas representa, em geral, a aplicação de um conjunto estereotipado de estratégias, a fim de obter uma única resposta. Entretanto, aqui problema é considerado como uma situação intelectual em que se busca uma resposta ou uma explicação, ou em que se visa produzir um efeito que se apresente como desejável, porque importante e que, para tal, requer certas demarches (providências), (GROSSI, 1987: e).

"A posição epistemológica de base, hoje, é a de que 'aprende-se resolvendo problemas'" (p. e).

Sendo assim, o que leva uma criança à estabilidade de escrita é o seu enfrentamento com um espaço de problemas referentes à escrita, que sejam capazes de ser por ela trabalhados, isto é, que estejam à altura de sua capacidade de compreendê-los e que sejam socioafetivamente ricos no sentido e valor para ela.

Para que uma criança chegue à estabilidade da escrita das palavras ela necessita superar a concepção de que cada ente é representado por escrito de modo individual. Para tal, entre outras experiências, as crianças, quando lhes foi ensinada a escrita dos seus nomes, superem a fantasia de que 'a sua letra' (a inicial do seu nome) não é compartilhada também por outras pessoas. Elas descobrem também que dois nomes iguais, embora de pessoas diferentes, escrevem-se da mesma maneira. Dentro deste contexto faz parte a procura da explicação por que a 'sua' letra é também inicial de outros nomes. Análises sonoras, tanto sobre as iniciais como sobre o desmembramento oral das palavras em sílabas, constituirão a porta de entrada para a vinculação pronúncia-escrita.

Esta vinculação pronúncia-escrita conduz à hipótese de base do nível silábico, que é a da correspondência quantitativa de sílabas orais com letras isoladas. A correspondência qualitativa dos sons às letras é inerente a outra área da alfabetização e pode ou não ocorrer junto com a vivência do nível silábico na leitura e na escrita. Um sujeito pode viver plenamente o seu nível silábico sem se preocupar com as correspondências sonoras convencionais nem com a forma arbitrária das letras (GROSSI, 1987: e).

Realmente, o que define o nível silábico é a segmentação quantitativa das palavras em tantos sinais gráficos quantas são as vezes que se abre a boca para pronunciá-las, ou seja, a primeira vinculação que se estabelece é a de uma letra ou símbolo para cada sílaba oral. Assim, "cavalo" se escreve com três letras porque se abre a boca três vezes para pronunciá-lo.

Há alunos silábicos que, nas palavras isoladas, escrevem cada sílaba oral com uma letra, e nas frases cada palavra é representada por uma letra. Este comportamento é muito frequente.

Instaurada a hipótese da correspondência quantitativa entre a segmentação oral e sinais gráficos, muitos sujeitos utilizam letras convencionais. Aqueles, dentre estes, que só concebem escritas com três ou mais letras defrontam-se com o problema de conciliar a segmentação de palavras dissílabas (duas letras) e monossílabas (uma letra) com esta sua hipótese da quantidade mínima de letras para escrita. É o período em que estes alunos acrescentam letras, sobretudo às suas escritas de palavras dissílabas e monossílabas, como meio de transformá-las em 'verdadeiras escritas'. Já são muito conhecidos os desempenhos destes sujeitos. A prevalência da hipótese silábica sobre a hipótese da quantidade mínima de letras representa a culminância do nível silábico em sentido estrito, isto é, o que se refere somente à junção de letras para escrever palavras ou frases. Estabelecida esta prevalência, o sujeito, em geral, vive um período de deslumbramento com sua descoberta, durante o qual ele se encanta em escrever silabicamente, não lhe restando a menor disponibilidade para questioná-la. Escreve e escreve muito silabicamente, se este espaço lhe for concedido, o que didaticamente é absolutamente desejável, porque útil ao processo. É como se ele estivesse se fortalecendo na sua capacidade de explicar a escrita, o que o prepara para enfrentar a nova catástrofe, que exigirá dele a reformulação de hipóteses para passar do nível silábico ao alfabético, denominado Intermediário III (GROSSI, 1987: i).

O aluno é levado a abandonar a ideia de que a cada sílaba oral corresponde uma letra escrita, quando esta já não lhe satisfaz mais.

"A insatisfação se explica segundo nossas observações, através de dois fatos: impossibilidade de ler o que se escreve silabicamente, bem como a impossibilidade de ler o que outros (já alfabetizados) escrevem" (p. 19).

Nesta primeira impossibilidade, duas situações se destacam:

a) A impossibilidade da leitura, pela própria pessoa que produziu uma certa escrita (de tipo silábico), depois que ela não se recorda mais do que quis escrever. Por exemplo, no dia seguinte ao que uma criança escreveu "bonito" com B I O, "casaco" com C S O, "lata" com L T etc., ela não consegue mais decodificar a sua própria escrita da véspera. Faltam-lhe elementos discriminatórios, obviamente.

b) A impossibilidade da leitura, por outros, daquilo que a criança produziu. Ela tem consciência de que a sua escrita não poderá ser lida por outras pessoas. Nesse período costumam dizer: "Eu vou escrever, mas sei que não dá para ler. A minha mãe nem ninguém consegue ler o que escrevo".

"A não decodificação do que a criança escreve constitui-se num impacto para ela" (p. 19).

A impossibilidade de ler o que é escrito convencionalmente apresenta-se conflitante para a criança porque o que está escrito nos livros, ou o que foi escrito por outras pessoas alfabetizadas, tem a chancela de ser correto, pois elas têm a autoridade de saber ler e escrever.

"Para resolver estas contradições é extremamente valioso para o aluno conhecer a escrita adequada de algumas palavras. Isto é, reconhecer como correta a grafia de certas coisas escritas a partir da autoridade do contexto cultural que o cerca (dos alfabetizados de suas relações). O confronto entre as grafias corretas de palavras e o tipo de escrita silábica produzida pela criança é fonte de reflexão e ajuda à passagem para o nível alfabético, porque o aluno se dá conta de que há algo incoerente na sua escrita que necessita ser alterado. Logicamente, se lhe ocorre que há necessidade de pôr mais letras do que as que põe no nível silábico. Muitas crianças, neste momento, parecem regredir ao pré-silábico porque, percebendo que sua escrita não é satisfatória, pois tem menos letras do que o previsto, aumentam o número de letras de duas maneiras:

- ou voltam a escrever com quaisquer letras, mas com muitas letras;
- ou continuam escrevendo silabicamente, acrescentando no final mais letras, aleatoriamente (p. 19-20).

Estas atitudes dos alunos confundem bastante as professoras desavisadas sobre a lógica que justifica tais comportamentos. As professoras pensam que estas crianças desaprenderam tudo, que não valeu a pena tanto tempo de esforço, que tudo terá de ser recomeçado. Porém, trata-se tão somente de mais um momento do processo que se denomina Intermediário III.

"Os níveis intermediários se caracterizam pela eclosão de um conflito que mais se aproxima de uma ruptura do que de uma mera passagem de um estágio a outro. Neles, o sujeito põe em xeque o que vinha pensando antes, porque estas ideias se lhe aparecem como falsas. Elas não se adequam mais e devem ser abandonadas. O sujeito busca então a solução que lhe parece mais plausível" (p. 20).

No nível Intermediário III a criança resolve o impasse logicamente – passa a escrever com um grande número de letras, abandonando inteiramente a hipótese silábica ou conservando-a; mas, acrescentando mais letras após sua utilização. Ambas as soluções se assemelham à escrita présilábica. Este tipo de solução para aumentar o número de letras é que caracteriza o nível Intermediário III.

"Enquanto o impasse central de como ler o que está escrito não está resolvido, prossegue a pesquisa da criança em busca de uma solução mais completa. Esta só aparece através da fonetização da sílaba, que é uma mudança radical qualitativa da maior importância.

Trata-se do chamado 'estalo' da alfabetização, o marco altamente significativo do ingresso no cerne do nosso sistema de escrita – a constituição alfabética de sílabas" (GROSSI, 1988: 20).

Muita pesquisa ainda se faz necessária para compreender adequadamente todas as nuances desse processo de apropriação do sistema de escrita, uma vez que não se sabe ainda claramente como se dá esta fonetização.

"A fonetização das sílabas não é instantânea e definitiva. O aluno começa a escrever alfabeticamente algumas sílabas e, para a escrita de outras, permanece silábico. Às vezes, há razões lógicas por trás deste comportamento. Uma delas é porque certas letras, pelo seu nome, podem ser consideradas como uma sílaba completa como, por exemplo, 'ge' em gelo, que ele escreve 'glo'; ou 'q' em querida que ele escreve 'qrida'" (p. 21).

A entrada num nível significa a superação básica do conflito em torno das concepções características do nível anterior, o que já aconteceu para quem fonetiza algumas sílabas. Isso não significa a solução de todos os problemas envolvidos neste momento.

"Dar-se conta de que as sílabas em geral possuem mais de uma letra não leva automaticamente a concluir que podem existir sílabas de duas, três, quatro, cinco e que até algumas possuem uma só letra. Aliás, via de regra, os alunos generalizam indevidamente que todas as sílabas têm sempre duas letras. Provavelmente isto acontece pela frequência significativa deste tipo de sílaba em nossa escrita.

Uma aluna minha, de primeira série, me disse assim:

"Galinha se escreve com seis letras. Eu não sei quais as letras. Mas são duas para 'ga', duas para 'li', e duas para 'nha'".

Ao dizer isto, ela graficava ga li nha.

Ouvi também alunos alfabéticos explicando a outros:

'Sempre que tu falas um pedaço da palavra, tu pões duas letras. Como 'ma-ca-co'" (p. 23).

"É importantíssimo salientar que ter compreendido a formação alfabética das sílabas não tem vinculação expressa com o reconhecimento do valor convencional do som das letras escritas. Um aluno pode estar no nível alfabético conhecendo pequeno ou grande número de letras. Por isso, continuar trabalhando este reconhecimento pode ser necessário mesmo para alunos alfabéticos" (p. 24).

Somente a partir do nível alfabético se estabelece uma vinculação mais coerente entre leitura e escrita que, até então, tinham laço esporádico, flutuante, gratuito ou tênue. É impressionante e muito interessante assistir alunos alfabéticos produzindo um texto, sobretudo se eles expressam em voz alta as suas tentativas de compreensão da fonética da sílaba. Concentrando-se na sílaba, como é absolutamente importante ao aluno neste momento, as palavras tendem a desaparecer como um todo. O aluno para, a cada sílaba, a fim de decidir como ela é escrita. Isto acontece especialmente quando ele está redigindo um texto livre, com ideias que lhe ocorrem espontaneamente.

"Durante a escrita dos textos verifica-se uma nítida dificuldade na separação das palavras. Ora os alunos emendam palavras, ora eles dividem palavras em duas ou três partes.

Segue-se um exemplo desta dificuldade experimentada pelo aluno Juliano.

Explica-se esta dificuldade na separação das palavras pela ênfase dada à fonetização da sílaba" (p. 25).

"Uma outra ocorrência durante a vivência do nível alfabético é a ênfase sobre a adequação fonética do escrito ao sonoro, excluindo-se as preocupações ortográficas, reformulando ou até esquecendo aprendizagens anteriores neste sentido. É o caso de Rosimeire (aluna de Vera Manzanares, de Campinas) que, depois de muito escrever seu nome com 's', desperta para a constatação de que ele devia ser com 'z' porque o som que se usa em Rosimeire é de 'z' e não de 's'. É interessante assinalar que, embora a professora tenha tentado explicar-lhe porque devia ser com 's' e não com 'z' e que era assim que seu nome tinha sido registrado em sua certidão de nascimento, Rosimeire continuou a escrever o seu nome com 'z'. Só depois de muitos meses ela voltou a escrever seu nome com 's', pela constatação do uso desta letra em outras palavras com o som de 'z', como Elisângela, casa etc." (p. 26).

Uma cena que se constitui num momento rico em subsídios ao professor é aquela em que ele observa as diferentes tentativas do aluno, no sentido de dar conta da compreensão das sílabas complexas.

"A compreensão de sílabas mais complexas, como as que compreendem grupos consonantais, são fruto de um esforço lógico de raciocínio e não de fixação mecânica por repetição perceptiva e reforço socioafetivo. Lembro-me de uma criança alfabética da Vila Cruzeiro, em Porto Alegre, querendo escrever a palavra BRIGA. Ele escreveu BIGA. Pedi-lhe para ler o que escrevera. Ela constatou que não era 'briga' e disse: Em 'briga' há um 'ri'. Então escreveu RIGA. Novamente pedi-lhe que lesse. Ela constatou que não era 'briga' porque em 'briga' também havia um 'bi'. Escreveu, então, BIRIGA. Pedi-lhe outra vez que lesse e ela constatou que ainda não era 'briga'. Mas, nesse dia, ela deixou por isso mesmo, porque não sabia como era. Somente alguns dias mais tarde, após várias leituras de textos interessantes, onde ela se defrontou com sílabas deste tipo e outras atividades ortográficas com palavras ricas destas dificuldades, ela conseguiu escrever BRIGA adequadamente" (p. 26).

Essas são algumas das concepções das crianças sobre o sistema da escrita. A nossa compreensão dos problemas, tal como as crianças os colocam, e da sequência de sugestões que elas consideram aceitáveis (e que dão origem a novos problemas) é, sem dúvida, essencial para poder ao menos imaginar um tipo de intervenção adequada à natureza do processo de aprendizagem.

"Há nesta caminhada do aluno em sua aprendizagem, permanentemente, um componente lógico. Ao lado dele, estão presentes os componentes afetivos, os perceptivo-motores, os sociais e os culturais também, todos entrelaçados num trabalho indissociável. Imaginar-se a aprendizagem como fruto de uma só destas instâncias é ainda resquício de uma concepção equivocada dos processos cognitivos" (p. 26).

"Como dissemos, na psicogênese da alfabetização interferem simultaneamente o corpo, a afetividade e a inteligência, assim como o contexto social e cultural em que este aluno está inserido. A psicogênese é um processo e 'o sentido de um processo se define por seu valor funcional dentro de um sistema' (PAIN, 1984: 79). O sistema que assegura a aprendizagem depende de todas estas instâncias, de acordo com os estudos mais recentes e profundos sobre a construção dos conhecimentos, porque 'a psicologia cognitiva está hoje numa encruzilhada de vários caminhos'. Tironeada entre modelos lógicos, informáticos, neurobiológicos, linguísticos, sociológicos, ela pode e deve servir-se de ideias daqui e de lá" (GROSSI, 1987: 9).

Portanto, o que é preciso desmistificar é a ideia de aprendizagem sem lógica ou de aprendizagem sem prazer, sem desejo, ou sem que ela se apresente como um valor para a pessoa que aprende. É preciso desmistificar uma aprendizagem pela percepção ou pelo exercício motor, isto é, em que a memória funciona como um depósito de informações, que entrariam pelos sentidos ou pelo movimento, sem nenhuma interferência de aspectos lógicos.

Outrossim, não queremos cair no extremo de dizer que aprender é só estabelecer relações lógicas, como se estas não estivessem imbricadas na dramática dos desejos e na esfera do perceptivo-motor. A matéria-prima da lógica são as percepções, os movimentos, as palavras e os afetos.

Importa assinalar, também, a dimensão específica do sociocultural na aprendizagem. Não se pode estudar o ser humano como um sistema fechado no indivíduo. Ele sempre é constituído a partir de outro.

"Wallon disse que 'somos geneticamente sociais'. A estrutura inteligente é eminentemente intersubjetiva na medida em que ela é o instrumento que permite apoderar-se da 'ensenha'*, oferecida ou captada como representante

---

* Ensenha: unidade de conhecimento que é captada pelo aprendiz quando ele está em processo de aprendizagem. O conhecimento não pode ser adquirido em bloco, como um todo.

parcial de uma elaboração ótima da realidade, num certo momento histórico. Esta intersubjetividade inclui não só a relação de quem oficialmente é designado como professor e o seu aluno, mas ela engloba também a interação entre iguais na aprendizagem" (GROSSI, 1988: 10).

Entre iguais significa os que se veem igualmente à procura do saber, supostamente não possuindo a autoridade do conhecimento. Esta relação é diferente da que se estabelece entre professor e aluno e nela reside uma maior circulação de saberes parciais, porque há mais liberdade e acessibilidade de intercâmbio. Muito se tem a estudar ainda sobre esta interação, quase inteiramente posta de lado no ensino tradicional, onde praticamente não estão incluídas as trocas entre colegas para a elaboração conjunta dos conhecimentos.

"Esquematicamente, representamos o sistema de funcionamento da aprendizagem como segue:

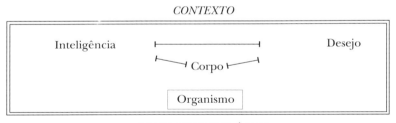

Neste esquema, o organismo representa o conjunto de órgãos caracterizados por uma certa bagagem genética onde funcionam as nossas estruturas corporais, inteligentes e do desejo. Ele funciona como um aparelho registrador do que acontece nestas três instâncias" (p. 10).

A apreensão da psicogênese da alfabetização e a sua aplicação em sala de aula implica, portanto, numa mudança radical de ótica a respeito da aprendizagem. Na psicogênese se descobre que há uma forma específica de apropriação de conhecimentos que não coincide com a lógica da sistematização dos conteúdos, tal como aparece nas ciências já constituídas. Assim, a lógica que preside a compreensão de um adulto sobre o que é ler e escrever e que se concretiza na sequência metodológica das cartilhas, não corresponde nem de perto à trajetória que segue uma pessoa que se alfabetiza. Não há forma de recuperar, por introspecção, a visão do sistema de escrita que tivemos quando éramos analfabetos (porque todos fomos analfabetos em algum momento), somente o conhecimento da evolução psicogenética pode nos obrigar a abandonar uma visão adultocêntrica do processo. As cartilhas perseguem direta e imediatamente o cerne do sistema de escrita, que é a constituição de sílabas por meio de letras, numa perspectiva alfabética. Nelas se ignora que, antes de compreender isto, há uma caminhada muito longa em que o sujeito analisa e explica o sistema de escrita à luz de elementos mais primitivos, logicamente mais acessíveis a um iniciante nesta aprendizagem. É importante assinalar que aprender não é passar de um estado de ignorância total sobre um assunto a um estado de conhecimento integral sobre ele. Aprender é passar por etapas sucessivas. Em cada uma delas já se sabe algo sobre o assunto e este algo, embora incompleto, está organizado em nós de maneira a resolver, provisoriamente, os problemas que envolvem o assunto em questão, ou melhor, os conceitos nele imbricados. Por isso, quando eu me faço uma pergunta sobre algo, não significa que eu não sei nada sobre ele. Ao contrário, a possibilidade de me colocar um problema significa que eu já sei alguma ou muitas coisas sobre ele, mas que elas não satisfazem as minhas necessidades em face das situações que o envolvem, vivenciadas por mim neste momento. Aprender significa, portanto, reorganizar a minha forma de pensar sobre um certo campo de conhecimento, incorporando novos elementos para, com este novo esquema cognitivo, poder responder a perguntas mais complexas, que antes nem sequer podiam ser abordadas ou formuladas. A "falta"* é um elemento primordial para a aprendizagem.

"Para que se aprenda algo é preciso em primeiro lugar de uma insatisfação. Por exemplo, no caso de um alfabetizando, que ele sinta uma 'falta' por não saber ler e escrever. Para que ele sinta esta falta, ele necessita saber já um pouco a respeito do que é ler e escrever, para que serve ler, que pessoas sabem ler e escrever, se vale a pena se identificar com elas etc.

Por outro lado, ninguém faz uma pergunta a quem, pelo menos supostamente, não possui um certo saber que assegure uma resposta adequada. Entretanto, o papel de quem é professor não é o de fornecer esta resposta imediata, pois todo o saber tem que ser reestruturado pelo próprio sujeito que aprende e a resposta imediata é já estruturada e não tem condições de assimilação como tal, a não ser que este sujeito esteja num estágio muito elevado no tratamento desses problemas" (GROSSI, 1988: 11).

A didática é o campo do conhecimento que busca, entre outras coisas, dar condições para que esta reestrutura-

---

* Falta: é preciso que haja em quem aprende uma falta, uma lacuna, que a pessoa se coloque problemas sobre o que está sendo estudado.

ção se efetive. Compete também à didática criar espaço para novas reestruturações, isto é, saber abrir lacunas cognitivas.

"Piaget disse que, quando alguém transmite um conhecimento a outra pessoa, ou este conhecimento permanece letra morta ou é compreendido. Se ele é compreendido é porque ele foi reestruturado. Nenhuma aprendizagem se dá sem uma estruturação, a qual exige uma lógica interna. Nesta reestruturação há sempre algo de inédito, de original, que leva algumas pessoas a pensarem que a aprendizagem se dá por si só, que é possível a autodescoberta quase absoluta de conteúdos. Mas não é disto que se trata. Trata-se tão somente de uma construção que é pessoal e intransferível, mesmo que ela tenha muito em comum com o que todos fazem, quando aprendem um mesmo campo conceitual. Há aqui uma peculiaridade muito importante: a aprendizagem é, ao mesmo tempo, pessoal e geral, isto é, enquanto ela se dá é particular e única, mas no seu fazer-se segue uma linha geral e coletiva (que vem a ser psicogênese dos conceitos)" (p. 11).

"Estamos aqui numa área interdisciplinar em que contribuem vários campos científicos – a psicologia cognitiva, a linguística e a didática. Precisamos claramente o papel da didática, servindo-nos da definição que segue, expressa por Régine Douady, na Enciclopédia Universal, em 1985:

A didática é o ramo dos conhecimentos que estuda os processos de transmissão e de aquisição de diferentes conteúdos das diversas ciências, particularmente em situação escolar. Ela tem por objetivo descrever e explicar os fenômenos relativos às vinculações entre ensino e sua aprendizagem" (GROSSI, 1985: 1).

As crianças de classe alta e média, por conviverem muito cedo com materiais de leitura e escrita, consequentemente ao ingressarem na primeira série encontram-se em média no nível silábico ou alfabético. Nestes casos os métodos tradicionais chegam a produzir efeitos razoáveis para elas, uma vez que o contato com o mundo da leitura e da escrita fornece a elas constantemente novos elementos, possibilitando assim a formulação de novas hipóteses acerca do que é ler e escrever.

Esta proposta de alfabetização para as classes populares parte de paradigmas bem diferentes daqueles que servem de base ao ensino atual. Trata-se, portanto, de uma autêntica revolução que não é fácil de realizar. Não se trata de substituir o material existente por uma série de outros exercícios um pouco mais próxima da realidade de seus alunos. Há parâmetros fundamentalmente distintos nas concepções que orientam esta nova forma de trabalho. É preciso que o professor seja senhor da teoria que embasa a proposta de ensino-aprendizagem.

Destacamos, de forma objetiva, alguns pressupostos básicos que serão levados em conta no desenvolvimento da experiência com os alfabetizandos adultos. Cada aluno terá um tratamento peculiar, de acordo sempre com o nível em que se encontra frente a determinado conhecimento. Por outro lado, é realidade de qualquer classe de alfabetização a heterogeneidade de níveis, e não faz sentido imaginar sequencialmente as didáticas do pré-silábico, do silábico e alfabético. As três formam um todo.

Outro fator primordial nesta proposta é o resgate da identidade de cada um. Isto se fará, primordialmente, por meio de atividades que possibilitem a aprendizagem do nome, como forma de estimular a autoconfiança e valorização. A organização dos alunos em pequenos grupos será uma forma de operacionalizar a interação entre os mesmos, a qual é fundamental numa situação de ensino-aprendizagem. Um dos postulados de base da epistemologia é que "aprende-se em interação com os demais", o que se deduz do princípio ainda mais amplo que "se aprende resolvendo problemas".

Portanto, o móvel central, que justifica e exige a estruturação da classe em grupos, é a compreensão mesma do processo de construção de conhecimentos. O saber se democratiza quando são levadas em conta as hipóteses incompletas, formuladas pelos alunos, os seus saberes parciais. O saber se centraliza quando só se considera como válido o ponto de chegada, no qual só está o professor. A seguir registraremos, de forma objetiva, alguns pressupostos que embasarão o trabalho de sala de aula:

- Exclusão de qualquer método, cujos passos uniformizem as informações, como se uniformes fossem todos os alunos.

- Participação coletiva na discussão/sistematização dos assuntos.

- Integração das disciplinas.

- Valorização e aproveitamento do saber trazido por eles.

- Inclusão do prazer e da dor.

- Problematização constante de toda e qualquer questão.

- Não dar respostas às perguntas sem antes questioná-los sobre o que pensam a respeito, e assim sucessivamente, até que a resposta seja parcial ou totalmente respondida por cada um que pergunta.

- Veiculação de fluidos positivos, encorajando-os e buscando resgatar a identidade de cada um.
- União do grupo.
- Disposição das carteiras na sala de aula em forma de círculo.
- Atividades baseadas simultaneamente em letras, palavras, frases, textos e números, sendo que cada uma envolve inúmeros aspectos.
- Ênfase em atividades que permitam a cada um expor seu pensamento, seja oralmente, seja através da escrita, liberando-os para que escrevam como sabem, animando-os, organizando, instruindo e, acima de tudo, acreditando na capacidade de aprender de cada um.
- Deslocar o eixo de indivíduo para sujeito.
- Olhar a escrita enquanto representação da linguagem e não como simples transcrição gráfica de um código preestabelecido.

Uma outra característica do processo de aprendizagem será a mobilidade, e não a rigidez. Para que haja mobilidade cognitiva é necessário que atuem muitos elementos simultaneamente, enquanto a rigidez funciona melhor com a unidade deles. Como desejamos fazer funcionar o pensamento que se estrutura, e este requer riqueza de elementos assim como riqueza de relações, será a ampla e complexa experiência com muitas palavras que dará eficácia à associação dos sons às letras, integramos numa só atividade a abordagem das letras e das palavras.

Partindo do pressuposto de que o processo ensino-aprendizagem, com base numa teoria que contempla o sujeito da aprendizagem como sujeito epistêmico desejante, o qual por sua vez só aprende na interação com o outro sujeito (também epistêmico desejante) que é o professor, ambos inseridos num contexto socioantropológico, a hipótese desse trabalho é que o conhecimento da psicogênese da alfabetização é fundamental e decisiva (embora não suficiente) para a garantia de um ensino-aprendizagem coerente, com o objetivo de tornar o alfabetizando sujeito capaz de intervir na sociedade para transformá-la.

Uma experiência pós-construtivista

1 Constituição de uma classe

Tendo em vista os pressupostos teóricos que embasam a proposta do Geempa, sentimo-nos desafiados a concretizar uma experiência, cujas reflexões são o objeto deste trabalho. Até agosto de 1988 não foi possível iniciá-lo, porque tínhamos todo o tempo tomado. Porém, assim que terminamos de cursar as disciplinas específicas e fomos liberados para monografia, tratamos imediatamente de contatar a escola na qual estagiamos durante o Curso de Pedagogia. Essa, no entanto, não achou o período do ano propício para o início das aulas.

Nesse mesmo período procurou-nos, na Educar, o diretor do Grupo Escolar Nossa Senhora da Conceição, situado no Bairro do Roçado, para dizer do seu interesse em realizar um trabalho de alfabetização de adultos naquela comunidade. Aproveitamos então a oportunidade para informá-lo de nossa intenção em realizar um trabalho, na área de alfabetização, diferente daquele que habitualmente vinha sendo feito, e que esta proposta passava, necessariamente, por um processo de investigação e pesquisa.

Isso posto, o diretor se mostrou bastante entusiasmado e convidou-nos para atuar como professora do Curso de Alfabetização.

Num encontro posterior, do qual participaram, além do diretor, a orientadora educacional, a supervisora e o administrador escolar (esse, em seguida nomeado vice-diretor através de esquemas políticos) expusemos, com maiores detalhes, os objetivos reais e possíveis implicações do trabalho que decidíramos assumir.

Na oportunidade procuramos também enfatizar as duas concepções de aprendizagem existentes a partir de diferentes visões acerca do educando, sendo que uma delas é que o educando é agente passivo, isto é, ele apenas recebe e acumula informações previamente estabelecidas pelo educador que, por sua vez, considera-se detentor do saber. Nesse sentido a aprendizagem é entendida enquanto memorização e reprodução mecânica desses conhecimentos. A outra visão, que se contrapõe a esta, é que o educando é um agente ativo e, por esta razão, constrói o seu próprio conhecimento a partir da exploração do mundo que o cerca, formulando hipóteses explicativas dos fenômenos que observa. Nessa visão o educador é aquele que orienta o trabalho do educando, criando situações que propiciem as descobertas e sistematizando os conhecimentos construídos a partir delas. Nesse caso o processo de aprendizagem é determinado pela maturação biológica, experiências que o educando vive e informações do meio, fatores estes inter-relacionados.

Enfatizamos então que era com base nessa visão que pretendíamos trabalhar. Procuramos ainda refletir sobre o que é psicogênese da alfabetização, seus diferentes níveis e suas principais características, ilustrando com exemplos. Ressaltamos que, quando falamos dos diferentes níveis pelos quais o alfabetizando passa, detemo-nos geralmente em exemplos de pesquisas feitas com crianças, uma vez que os dados nessa área, referente ao alfabetizando criança, são mais abundantes.

Informamos ainda que nossa intenção com esse trabalho era exatamente experimentar com o alfabetizando adulto uma proposta nessa linha, que iria, é claro, sendo desenvolvida no decorrer do processo, conforme as circunstâncias.

Com exceção do administrador escolar, que não se posicionou nem a favor nem contra, os demais presentes à reunião sentiram-se privilegiados em poder implantar, na sua escola, esse tipo de experiência inédita, em nível de Santa Catarina.

Combinamos que a mobilização/matrícula dos adultos analfabetos ficaria sob a responsabilidade da escola, uma vez que grande parte dos pais dos alunos era analfabeta.

Definimos também a data do primeiro encontro entre os interessados/matriculados e a professora. Tivemos o cuidado de garantir um período de doze dias, para que todos tivessem acesso à informação e que essa fosse veiculada através dos meios de comunicação disponíveis na comunidade, tais como: escola por meio de todos os alunos, principalmente aqueles filhos de pais analfabetos (que receberam carta e convite); igreja – comunicados em todos os horários de missa; bares e supermercados – por meio de cartazes.

Nossa expectativa, com relação ao número de presentes, no primeiro dia, não era muita, isso em função de experiências semelhantes, relatadas por colegas. No entanto, quando se verificou a presença de apenas dois alunos, uma certa decepção foi inevitável. Com esforço, para não deixar transparecê-la, fomos logo conversando com eles.

Perguntamos como foram informados do curso, se sabiam de mais alguém que também estivesse interessado, qual o motivo de outros não terem vindo... Foi quando Maria Olendina, uma das presentes, interrompeu e disse que estava até com dor de barriga, de tanto medo que não viesse mais ninguém e que, nesse caso, o curso talvez não fosse acontecer.

Dizia também que as pessoas não vinham porque tinham vergonha de não saber ler e escrever e porque achavam que não tinham cabeça para aprender e nem paciência de ficar sentados um atrás do outro ouvindo. Iracema, também presente, completou dizendo que "no fundo, no fundo, o curso nem vai sair porque não vai dar ninguém".

Foram tranquilizadas de que o curso sairia mesmo que só com elas duas.

Pedimos-lhes sugestões do que deveríamos fazer. Iniciar as aulas?

E concluímos que colocaríamos mais um anúncio na igreja e na escola, e logo depois iniciaríamos as aulas.

Quatro dias depois aconteceria o 2º encontro, ou seja, o início das aulas.

Além das duas presentes no primeiro dia, compareceram mais dois, Seno e Ana. Entre nossos medos, o da evasão, já que era um número tão reduzido de alunos e a experiência a mostrava ao longo dos anos como uma característica sempre presente na escola pública, bem como nos cursos de supletivo. Por outro lado, como estávamos convictos de que uma das grandes causas da evasão se deve ao fato de a escola não conseguir penetrar no mundo do aluno, e que, para se proteger dessa culpa, transfere-lhe a responsabilidade do fracasso, taxando-o de desnutrido, pobre, sujo, de baixo QI e, consequentemente, expulsando-o da escola, fomos à luta, crentes de que se conseguíssemos realmente experimentar nossas ideias, baseadas numa linha pós-construtivista, seríamos capazes de atrair novos adeptos ao curso, ao invés de expulsá-los.

Os detalhes de como foram sendo encaminhados os trabalhos em sala de aula serão registrados no capítulo posterior. Porém devemos dizer ainda, agora sem modéstia, que a repercussão do trabalho na comunidade foi a melhor possível. Aconteceu aquilo que esperávamos. Os próprios alunos, invadidos por uma satisfação muito grande, intencionalmente se responsabilizaram em disseminar o valor do curso por todos os cantos da comunidade. Dizemos isso porque, após uma semana de aula, começaram a aparecer, em média, três a cinco pessoas por dia, para se matricular. Sem saber se agimos certo, limitamos o número de vagas a quinze. Preocupados em dar um bom atendimento, decidimos que os demais seriam atendidos no ano seguinte. Mesmo assim as pessoas continuaram procurando.

Como nos sentimos, de certa forma, culpados por não termos atendido a todos que procuraram o curso, gostaríamos de explicar os motivos mais fortes, que nos levaram a tomar essa atitude:

- Primeiro, porque o grupinho, que estava em aula durante o período de uma semana, já havia avançado muito e estava em um nível de exigência maior. Cada vez que ingressava um novo colega tínhamos que dedicar um tempo especial para a entrevista e o teste, considerados básicos para garantir um trabalho de acordo com o nível de conhecimento de cada um, frente à leitura e à escrita, e isto de certa forma interrrompia o ritmo do grupo. Segundo, porque acreditávamos ser uma responsabilidade muito grande, uma vez que se tratava de um trabalho que exigia um acompanhamento profundo e constante de cada um, e que os resultados, colhidos desse acompanhamento, teriam que ser transformados em proposta didática de sala de aula.

Há um outro aspecto que acreditamos ser importante ressaltar, uma vez que interferiu diretamente no desenvolvimento dos trabalhos. Trata-se do comportamento da escola frente ao trabalho, no decorrer do processo. Fomos tomados de surpresa quando, após duas semanas de aula, estávamos na sala do coordenador da Fundação Educar e este recebeu uma ligação do administrador, atual vice-diretor, bem como do diretor da escola na qual lecionava, fazendo as maiores denúncias acerca do nosso trabalho.

O coordenador da Educar, conhecedor que era da proposta, olhou-nos como quem não está entendendo nada, e tentou contra-argumentar dizendo que este era um trabalho que se revestia da maior seriedade possível e que eles teriam que dar um tempo, uma vez que se tratava de uma proposta inovadora e, por consequência, totalmente desvinculada dos métodos tradicionais de ensino.

O vice-diretor insistia dizendo que "a escola dele não podia se prestar a esse tipo de trabalho. Que não tinha cabimento pessoas totalmente analfabetas, que não conheciam nem o ABC trabalhando com livros, jornais, revistas, listas telefônicas, dicionários, e o que é mais grave, a professora fazendo desde o primeiro dia, eles escreverem. Como? Se não sabem nada? É preciso primeiro que ela ensine". E mais, se achou no direito de impor uma condição. O curso só continuaria se fosse com "os livros do Mobral, o livro do tijolo".

Tamanha era a fúria do vice-diretor, e posteriormente do diretor, que do lado do telefone podíamos ouvi-los.

É claro que a essa altura estávamos imobilizados, mal conseguindo respirar, sem entender absolutamente nada do que se passava. Passamos a raciocinar tudo misturado. Estava difícil limpar o pensamento. De um lado aquela demanda significativa de pessoas em busca do curso, o aproveitamento e a satisfação dos alunos, e, claro, a nossa também. Podíamos sentir concretamente o avanço dos mesmos. De outro lado, uma dúvida sendo levantada pelos diretores da escola, um dos quais tinha prestado todo o apoio no momento da implantação.

Um terceiro ponto, que se considerava, estava ligado ao fato de que todas essas observações teriam sido feitas com base em quê? Se os diretores/supervisores sequer tinham comparecido à sala de aula para conhecer de perto o trabalho? Considerando todos esses fatores, fomos desafiados a reavaliar a nossa prática. Simultaneamente a esta reavaliação, procurar ler o que estava subjacente a uma posição tão estranha, por parte desses diretores. Por que eles não teriam contatado diretamente conosco, uma vez que o nível de relacionamento era bom, e que os acertos com relação ao trabalho tinham sido tratados diretamente conosco? Tentamos enfrentar com naturalidade, mas foi bastante difícil. Por um momento nos sentimos fracassados. Mas passou rápido. Já à noite, em sala de aula, resgatamos a certeza, através de quinze rostos cansados, porém desejosos em resgatar sua identidade, seu valor de pessoa humana, enfim, desejosos de aprender, e isto não era miragem, estava lá para ser comprovado. Decidimos, então, que era preciso continuar trilhando o mesmo caminho.

Lembramo-nos inclusive das palavras de Esther, que dizia: "Esta proposta requer uma mudança radical no ensino, e neste caso possivelmente gere alguns choques junto aos educadores tradicionalistas".

Pensamos em contatar com os diretores, mas achamos por bem não fazê-lo nesse momento.

De qualquer forma, ficamos atentos a tudo. Começamos a observar umas reações muito estranhas por parte de Iracema, uma das primeiras alunas inscritas e casualmente faxineira da escola. Ela nos pedia com insistência cartilhas. Posteriormente passou a dizer que só é possível aprender com cartilha, que não tem outro jeito de aprender. Percebemos que Iracema começou a regredir, negava-se a escrever, insistindo que não sabia.

Até que um dia o grupo pediu um espaço da aula para nos informar que os diretores, mais especificamente o vice-diretor, estava fazendo uma campanha para acabar com o curso e que eles estavam com medo de ficar sem aula. Pediam que nos mantivéssemos ao lado deles.

Não foi difícil entender o que se passava. Tentamos tranquilizá-los dizendo que isso não iria acontecer, caso essa não fosse a vontade do grupo. Porque a escola é pública e deve estar aberta à comunidade e a comunidade, por sua vez, tem o direito de usufruir dos seus benefícios.

Essa abertura do grupo permitiu-nos entender com mais clareza a atitude de Iracema, que estava sendo diariamente influenciada, uma vez que trabalhava na escola.

Iracema acabou sendo vítima nesta história. De um lado, foi influenciada pelos diretores, e regrediu na ideia de que não sabe, não aprende sem cartilha. Como aprender sem copiar? De outro, foi pressionada pelo grupo que, nesse meio-tempo, avançou e tentava provar a ela que é possível aprender, sim, tanto que eles já podiam ler e escrever.

No meio desse dilema, Iracema acabou desistindo.

Cabe ressaltar que, com o passar do tempo, os diretores deixaram de interferir negativamente. Não apoiavam diretamente, mas também não persistiram na ideia de desativar o trabalho. Pelo contrário, numa conversa informal com o diretor, onde procuramos refletir criticamente sobre algumas das atitudes tomadas por parte da direção, como por exemplo a que fez com que Iracema se evadisse da escola, sentiu-se envergonhado e procurou justificar toda a sua postura anterior, dizendo que nosso trabalho estava sendo realmente surpreendente.

2 Análise das principais atividades desenvolvidas

São apenas três meses de trabalho junto ao "Grupo Esperança" (nome escolhido pelos próprios alfabetizandos como forma de caracterizarem a esperança e o desejo de se verem alfabetizados), apenas três meses de experiência, o que dá a este trabalho uma fragilidade muito grande. Porém, apesar da fragilidade dos resultados que estão sendo paridos, eles apresentam muita vida, muita luz, o que nos impulsiona a crer num crescimento sólido... seguro... novo...

O desafio com este trabalho consiste em exercitar uma prática embasada na psicogênese da alfabetização, enraizada no pós-construtivismo. O ponto de referência maior é a proposta da alfabetização de crianças do Geempa.

Muita perturbação, muitas interrogações constantemente presentes, como *flashes* que iam e vinham e por ora se misturavam, nos dias que antecederam o início das atividades.

- O que fazer, no primeiro dia, para que eles percebessem que havia uma intenção por detrás daquele trabalho?
- Como conseguir perceber as coisas que eles realmente sentem?
- Como transformá-las em conteúdo de sala de aula?

Enfim, primeiro dia de aula. Uma sala de aula enorme, com 40 lugares, organizada de acordo com as características tradicionais.

Tínhamos muito presente a lembrança do relato de experiência de Madalena Freire, com relação à disposição das carteiras no seu primeiro dia de aula.

Nossa intenção era ficarmos atentos para o comportamento dos alunos, frente a essa questão, no momento de se colocarem na sala.

Qual não foi nosso espanto, quando todos se sentaram numa mesma fileira, um atrás do outro, exceto um, que se colocou bem no fundo da sala. (Cabe salientar que o número de carteiras disponíveis era bem maior que o número de alunos.) Aparecia aí o primeiro impasse. De um lado, não queríamos pedir, arbitrariamente, a eles que se organizassem em um círculo ou semicírculo; de outro, não nos sentíamos à vontade para ficar em frente a eles coordenando os trabalhos.

Enfim, foi nessa posição vertical que iniciamos os trabalhos. Nossa primeira proposta foi uma espécie de entrevista (exemplo em anexo), que, apesar das questões serem dirigidas a cada um dos participantes em particular, todos participavam como forma de conhecerem mais os colegas e, consequentemente, haver maior união e respeito.

Os colegas foram se envolvendo com a história de cada entrevistado, a ponto de participarem com depoimentos, e principalmente contando "causos" semelhantes, onde se percebia claramente a identificação dos mesmos, principalmente nas dificuldades encontradas. Era um tal de todo mundo se mexer na carteira, tentando espiar de um lado e de outro para ver e ouvir melhor o colega que falava, que quase não resistimos ao impulso de propor um semicírculo.

Resolvemos, porém, provocar um pouco mais a necessidade de alterar as carteiras, já que todos estavam interessados em ver e ouvir. Quando estava mais ou menos na terceira entrevista, saímos da frente da fila e sentamo-nos sobre uma carteira da fileira ao lado, quase na frente do entrevistado, como forma de mostrar que é possível alterar a ordem preestabelecida, ou seja, a visão de "que o professor, na condição de quem sabe, coloca-se em destaque frente à turma, que terá que ouvi-lo de sua carteira e acatar suas ordens".

Não tínhamos dúvida que todos estavam inquietos e sabíamos por quê. Resolvemos, então, fazer a seguinte proposta:

- Que tal, se colocarmos as carteiras em círculo para que todos possam ver e ouvir melhor a todos?

Nem bem tínhamos terminado e todos já se movimentavam para levantar. É como se fosse exatamente isso que eles estivessem esperando.

Pudemos perceber que, através dessa atitude, havíamos conquistado um pouquinho da confiança do grupo. Alguns já demonstravam estarem muito à vontade, falando até de coisas bem pessoais.

No dia seguinte, bem antes do início da aula, estavam todos na sala, e, para nossa surpresa, haviam se organizado em semicírculo. Pode parecer simples, mas aquilo representava para nós um grande início; após a entrevista, e a partir dela, dava prosseguimento com o teste das palavras. Este foi um momento muito forte para cada um dos entrevistados e para nós também. Expressões de espanto, de indignação podiam ser observadas através de olhares, tremedeiras, palidez e através de observações do tipo:

"Mas como escrever? Se eu não sei escrever?"

"Mas eu não sei! Nunca fui à aula!"

"O pouquinho que eu aprendi, eu já esqueci".

"Mas eu não conheço nem o ABC..."

"Se eu soubesse escrever não teria vindo aqui".

Essas reações não nos surpreenderam, mas sim o entusiasmo e a satisfação que sentiam quando se viam escrevendo. Essa satisfação passava principalmente por dois fatores: a coragem de tentar (sentiam-se grandes) e a constatação da escrita concretamente produzida por eles.

Cabe ressaltar porém que, se de um lado eles se sentiam satisfeitos com a escrita produzida, e isso lia-se através do brilho dos olhos, dos sorrisos, do outro apareciam observações quase de pesar, do tipo: "De que adianta se tá errado mesmo!" Em alguns casos esse "tá errado mesmo" aparecia como uma espécie de mistura entre o autoconceito, de quem não acredita que é capaz, e a possível percepção de que sua escrita não está de acordo com a escrita que costumam ver por aí.

Alguns faziam colocações do tipo:

"Olha, pode até tá errado, eu nem acredito que teje certo, só se a professora é milagreira, mas que eu escrevi eu escrevi!"

"Eu sei que não tá igual o certo, mas pra quem nunca escreveu, já é alguma coisa".

"Se todo dia for quê nem hoje nós vai ficá doto".

"Êta professorinha danada, botou a gente na prensa, tanto fez que botou nois escrevê memo sem nois sabe".

Diferente das crianças, começamos a observar que o alfabetizando adulto já superou o nível pré-silábico I. Ele tem muito claro que se escreve com letras e qual a função social da escrita (mas esta é uma observação ainda prematura).

Conversamos muito, nos primeiros dias, acerca do objetivo que os trazia para a sala de aula. E todos tinham muita segurança ao afirmar que o principal objetivo era aprender a ler e escrever. Nas contas até que, segundo eles, dá pra se virar ("a gente faz de cabeça").

Pudemos perceber que havia naquelas pessoas um desejo. Um desejo muito forte de aprender aquilo, que tanta falta lhes tinha feito. Aproveitamos para refletir com eles, que é a partir das faltas, dos problemas, dos erros, que se aprende. Neste caso, as faltas e os problemas não devem ser vistos sob o ponto de vista negativo e sim positivo. Bem, acreditávamos muito naquela ideia de que o professor tem que apostar no aluno, na sua capacidade de aprender, e que essa atitude do professor repercute positivamente na aprendizagem do aluno. Como colocamos no início, estávamos exatamente exercitando as nossas ideias na prática, e claro, a partir da prática, elaborando-as cada vez mais de acordo com a realidade. É evidente que apostamos nessa ideia. E o nosso depoimento nesse sentido é o seguinte: Há uma distância muito grande do falar certas coisas para o sentir de perto e o fazer acontecer essas coisas. É algo quase inexplicável.

É como se ligasse o motor do carro, com o objetivo de ir a um determinado lugar, mas não se desse partida no carro. Não é possível desenvolver a velocidade, descobrir o caminho, sem dar partida. Assim, também não é possível mudar o rumo da educação sem se envolver com ela; não basta saber pensar, é preciso recriar, repensar, reaprender, reelaborar o pensar, porém aprender a partir da e na prática implica estar continuamente refletindo e refazendo a ação, os pressupostos, e mesmo o próprio processo de conhecimento.

Essa questão de confiar na capacidade de aprender e apostar nela, resgatar a identidade de ser gente, que cada um necessita para bem viver. Só isso já é um impulso ao alcance de qualquer objetivo.

É claro que, conhecendo a psicogênese, isso fica mais fácil, porque deve ser pouco produtivo apostar na capacidade do alfabetizando, propondo a ele atividades para as quais ele não está estruturalmente preparado. E portanto não se sente sujeito, não se sente capaz.

Aliás, essa questão é muito séria. Vamos escrever um pouco sobre a experiência do trabalho com o nome, inicialmente realizada através do crachá.

Já obtivéramos a informação através das entrevistas de que todos, com exceção de um, sabiam escrever seu nome.

Entregamos a eles um pedaço de cartolina e pedimos que cortassem, do tamanho que fosse possível escrever o nome deles, de forma que todos os colegas pudessem ler. E mais: que cortassem a cartolina do jeito tal que parasse na posição vertical, sobre a carteira.

Num primeiro momento havíamos pensado em entregar o crachá pronto. Analisando melhor, concluímos que seria mais válido deixar que eles mesmos criassem a placa crachá do nome. Com isso, além de possibilitar maior autonomia, eles estariam indiretamente exercitando a coordenação motora. Fator que, direta ou indiretamente, teria que ser trabalhado, uma vez que a partir das informações colhidas na entrevista, acerca do próprio trabalho que realizavam, constatou-se que este exigia, muitas vezes, apenas o uso dos grandes músculos responsáveis pelos movimentos amplos, ficando os movimentos mais delicados responsáveis pela preensão fina, também chamada de "pinça", indispensáveis para a realização da escrita manual, sem serem estimulados, o que leva o alfabetizando a ter dificuldade no domínio adequado desses movimentos no momento da escrita. Isto pôde ser observado, já no primeiro dia, por meio do teste das palavras.

Uma aluna, cuja profissão era tricoteira, imediatamente fez um modelo para a placa, onde iria escrever seu nome. Porém, todos estavam altamente envolvidos com suas produções. Cada um querendo criar um modelo próprio. Como se naquele crachá estivesse sendo representada a imagem deles.

Quando todos já haviam escrito o seu nome, observamos que alguns haviam escrito com letras de fôrma e outros com letra cursiva.

Pedimos que todos colocassem a placa sobre a carteira para que os demais colegas pudessem ver.

Como todos haviam participado da entrevista, já se conheciam e se tratavam pelo nome. Isto nos deu segurança para propor que cada um tentasse ler o nome do colega. Eles estavam tão envolvidos, que nem sequer nos contestaram, dizendo que não sabiam ler. Era lindo observar. Os olhos se movimentavam do papel para o rosto daquele colega cujo nome estava sendo lido. Quase como se estivessem buscando uma confirmação para a "leitura" que faziam.

Uns liam em voz alta, outros liam dando a entonação de voz de acordo com os fonemas. Outros só movimentavam os lábios.

Em seguida pedimos para que todos lessem juntos o nome de determinado colega, e assim sucessivamente até ler o de todos. Tinha até aqueles que faziam questão de destacar a voz, lendo bem alto.

Propusemos também um exercício com letras. Nosso objetivo era detectar o conhecimento deles em relação às letras do nome.

Pedimos então que cada um apontasse letra a letra do seu nome, falando o nome delas; dez deles conheciam as letras do nome, quatro sequer decifravam todas as letras.

E aquele que, como citamos anteriormente, não escrevia o nome, conhecia uma das letras do seu nome, uma vez escrito.

Quando um não conhecia determinada letra do nome, os colegas que conheciam imediatamente intervinham, dizendo o nome da letra.

Com isso uns disfarçavam dizendo: "Ah! Eu sabia que era 'B'". "Eu até sabia, mas eu esqueço". "Essa minha cabeça que não ajuda".

Pedimos também para que lessem somente a primeira letra do nome de cada colega. Aproveitamos o fato de que alguns haviam escrito o nome com letra de forma e outros cursiva, para pedir que eles analisassem se havia alguma diferença nas letras. Ou seja, na forma de escrever. Esclarecemos que não se tratava de escrita maior ou menor, mais feia ou mais bonita, mas sim do estilo da letra. Seno foi logo dizendo: "Alguns fizeram com letra solta, outros com letra pegada".

Jogamos para o grupo analisar a observação de Seno. Perguntando: é isso mesmo que ele falou? Todos se olharam, voltaram a olhar para os nomes escritos e um a um concordaram. Então devolvemos novamente para o grupo. O que significa letra junta? Letra separada? Quem ajuda o Seno a explicar?

Olendina completou, dizendo: "As letras soltas são das pessoas importantes, que escrevem em livros e jornais, e as letras pegadas são de pessoas menos importantes que escrevem qualquer coisa". Tornamos a devolver a questão para que todos externassem seu pensamento. Era preciso dar espaço para que eles aprendessem a se dizer. Ludite explica dizendo: "As letras soltas são as letras de máquina, e as letras pegadas são escritas a mão".

Olga concorda, porém complementa dizendo: "A máquina é usada por pessoas que precisam escrever muito". Seno interfere: "É, mas a letra solta também pode ser escrita a mão" (ele escrevia com letra de forma).

Estas são apenas algumas colocações feitas por eles que, ao final, foram sistematizadas oralmente e acrescidas de algumas informações que possibilitassem a organização do pensamento ainda mais elaborado.

Pedimos, em seguida, que tornassem a escrever o nome, no verso do crachá, porém com a seguinte observação: quem havia escrito com a letra "pegada" cursiva, escreveria com a "solta" – *script* e vice-versa.

Posteriormente, distribuímos uma folha de papel com o nome de cada um, misturamos, e pedimos que cada um, sem olhar, retirasse uma folha, lesse o nome que estava escrito e escrevesse ao lado alguma palavra ou alguma coisa que mais tivesse chamado atenção no colega.

Este foi um trabalho incrível: eles já estavam tão confiantes que pareciam ter esquecido aquela ideia, tão forte no início, de que não sabiam escrever. A preocupação maior para eles parecia não ser a escrita, mas sim o que selecionar sobre o colega como mais característico dele.

Todas essas atitudes, reações, observações nos forneciam uma gama tão grande de informações, sobre cada um, que nos permitiam encaminhar os trabalhos, por incrível que pareça, com muita facilidade. O medo e a insegurança pareciam até que haviam desaparecido.

Bem, quando todos haviam terminado de escrever, cada um do seu jeito, pedimos que cada um falasse o que havia escrito sobre o colega, e o restante do grupo teria que adivinhar sobre quem o colega estava falando. Todos ficaram muito ansiosos. De um lado porque tinham que falar o que haviam escrito sobre o colega, do outro porque também iriam ser analisados.

Enquanto cada um falava, procurávamos registrar a fala para depois analisar o nível em que se encontrava, frente à escrita.

Saíram expressões do tipo:

- É um amor (a palavra *um* estava escrita em numeral 1)
- Sorridente.
- Trabalhadeira.
- Ele é ótimo.
- Tímida.

Por meio de expressões dessa natureza o grupo conseguiu perceber, com exceção de um, sobre que colega se estava falando.

Este trabalho, além de propiciar vários elementos sobre os níveis da escrita, deu ao grupo maior consistência e união. E todos se orgulhavam da forma como haviam sido caracterizados.

Outras tantas atividades foram feitas ao redor do nome, como por exemplo:

Destacar de um determinado texto as palavras que começavam com a letra do seu nome.

Sublinhar em qualquer livro as letras do seu nome.

Separar o nome em pedacinhos (sílabas) de acordo com o número de vezes que abre a boca para falar o nome.

A partir de um conjunto de sílabas, organizadas em pequenas cartelas, contendo as sílabas dos nomes de todos os colegas, juntou-se todas, e, em grupo, cada um foi buscar, entre as cartelas, aquelas que correspondiam ao seu nome. Em seguida organizaram de acordo com a sequência do nome.

Bingo

Cada aluno recebeu uma cartela contendo seu nome.

Como todos já conheciam o jogo, logo entenderam a proposta e discutiu-se em grupo suas regras.

Percebemos que alguns ficaram meio ressabiados, enquanto outros vibraram com a atividade.

A atenção era total. A maioria, tentando ajudar, preocupava-se em conferir também a cartela do vizinho.

Pela metade do jogo, o envolvimento era tão grande que uns já estavam ajoelhados, outros em pé, a maioria torcia em voz alta. Até os que estavam retraídos no início brigavam pelo primeiro lugar.

No decorrer do jogo apareceram observações do tipo: "O meu nome é maior, eu vou ser prejudicado". "Se a gente não cuidar, acaba trocando essas malvadinhas e perdendo o jogo". "Fulano tem mais chance de ganhar porque o nome dele tem três letras iguais". "Cuidado que tem mais que uma letra igual, se esquecer de marcar, dança". "Engraçado, eu nunca pensei que pudesse jogar bingo na escola". "Eu nunca escutei falar em bingo de letras; nas festas da igreja só fazem números". Ao final do jogo surgiram vários comentários. Uns diziam, "só me faltava duas". "Há um tempão que só faltava uma". Aproveitamos essas observações para perguntar a eles qual o nome das letras que faltava, como forma de distingui-las.

Pedimos também que descobrissem, a partir das letras que haviam sido cantadas, quais as que não tinham sido chamadas e cada um se organizou, de uma determinada maneira, para tentar descobrir.

Uns conferiram sua cartela e a dos colegas para ver quais as letras que não estavam marcadas; outros recorreram ao conjunto das letras, que estava fora da caixinha, para descobrir quais estavam faltando. Os que optaram por essa forma, organizaram as letras em sequência, de acordo com o alfabeto. Esta atividade, de forma muito prazerosa, estava permitindo com certeza a aprendizagem das letras.

Uma rodada só não foi suficiente. Foi preciso repetir o jogo no mesmo dia, levando em conta as observações feitas no início. Propusemos uma avaliação.

Pedimos que todos falassem aquilo que sentiram no início e no decorrer do jogo. Enfim, se foi bom, se deu para aprender alguma coisa.

Todos queriam falar ao mesmo tempo, mas também todos queriam ser ouvidos em particular. Então paramos para organizar.

- "Eu no início não sabia se era para jogar ou aprender as letras, depois eu fui ver que eu tava fazendo as duas coisas".
- "No fundo a professora tá ensinando o ABC dum jeito diferente".
- "Parece até que as letras que eu não conhecia eu achava".
- "No início eu achei que ia ser perda de tempo que a escola não é lugar de jogo, mas depois eu vi que a professora inrola a gente direitinho, nóis pensemos que ia sê um jogo e nós tava era aprendendo nosso nome e o ABC".
- "Eu achei que ia ser prejudicado, depois vi que como eram mais letras eu podia ter mais chance. Não passava tanto quanto os outros".

Quebra-cabeça

Cada um recebia três diferentes quebra-cabeças, porém todos contendo o seu nome escrito. As partes dos três quebra-cabeças eram misturadas e entregues para que eles encaixassem de acordo com a sequência do nome.

Uma segunda atividade, dentro dessa modalidade, foi a troca dos quebra-cabeças. Nesse caso cada um teria que montar o quebra-cabeça do outro.

Bingo das letras

Cada um recebeu uma cartela contendo todas as letras. Foram contadas somente 15 letras, já que o número máximo de letras entre os nomes era 14. Ganhou quem, até o final das 15 letras, marcou todas as letras do seu nome.

O jogo também foi invertido. Marcar somente quando as letras cantadas não pertenciam ao seu nome.

Escrever o endereço

Inicialmente cada um iria escrever do jeito que sabe, tendo por base as correspondências que já viram.

Aproveitou-se para discutir sobre a função do endereço e, a partir do que eles fizeram, a sequência das informações constante no mesmo

Nome - Rua - Nº - Apto. - Bairro - Município - Estado

Como de acordo com as entrevistas uma das grandes expectativas do grupo era escrever carta, cada um escreveu uma carta para quem quisesse, saiu até uma carta para o presidente.

Escrever o nome de todos os membros da família

Esta atividade foi encaminhada a partir das expectativas observadas no grupo, quando da entrevista, em relação à vontade de saber escrever o nome de todos os familiares.

Num primeiro momento apareciam reações do tipo: "Mas eu não vou saber..." (Esta observação estava inundada por um sorriso de satisfação por estar tendo a oportunidade de escrever o nome de seus familiares.)

"Eu quero fazer, mas só vou mostrar em casa para o pessoal quando eu estiver escrevendo do jeito que todo mundo escreve".

"Quem diria, a gente um dia escrevendo o nome das pessoas que a gente gosta".

Esta foi uma atividade muito forte, houve um envolvimento emocional muito grande principalmente no momento de "lerem" os nomes a partir da própria escrita.

É claro que nem tudo estava escrito de acordo com o convencional, mas o fato de que essa era uma autoprodução, eles sabiam até em que linha estava escrito o nome de cada um, os fazia ler com muita segurança.

Um dado interessante foi que no momento da leitura em voz alta, os que estavam no nível "Intermediário III" iam acrescentando letras. Já percebiam que a escrita não correspondia ao som. Em função do nível de envolvimento emocional, abrimos um espaço para que todos falassem sobre suas famílias.

Falaram sobre idade, personalidade, diferenças, escola, saúde, catequese, trabalho, doença, amor, casamento, dificuldades, relacionamento.

Em seguida, com base naquela ideia que já havia sido discutida com eles, de que se escreve o que se pensa, sente, ouve e vê, propusemos que escrevessem sobre a família.

No dia seguinte cada um leu o que escreveu, e a partir das coisas escritas por eles foi criado um texto coletivo sobre família, que serviu posteriormente como texto de leitura.

2.1 *Textos coletivos*

Os textos eram criados geralmente a partir das produções individuais de cada um. Como se acreditava na ideia de que era escrevendo que eles iriam aprender a escrever e lendo que eles aprenderiam a ler, tudo era motivo de leitura e escrita.

As datas mais significativas/comemorativas, bem como acontecimentos na comunidade eram sempre motivos de redação.

A estratégia frequentemente utilizada era a seguinte: geralmente nos finais de semana, como tarefa de casa, em função de um espaço maior de tempo, eles escreviam sobre temas tais como: família, criança, finados, estações do ano, política, trabalho, Nossa Senhora da Conceição (padroeira da igreja da comunidade). Já na segunda-feira todos ficavam com o compromisso de relatar/ler para todo o grupo o que haviam feito.

O grupo, por sua vez, era alertado para ficar atento, uma vez que posteriormente teria que participar da discussão.

Após a leitura de todos, partia-se para uma discussão procurando sistematizar as ideias.

Acontecia praticamente uma retrospectiva de tudo que havia sido falado, inclusive os dados eram ressaltados por todos ou pela maioria.

Em seguida, o grupo era responsável pela organização das ideias em forma de textos.

A princípio nos colocávamos como mera secretária, que iria registrar no quadro a produção deles, e, posteriormente, imprimir o texto. É claro que, principalmente na primeira experiência, intervínhamos com questões/questionamentos, visando ajudar na organização do pensamento/texto.

O texto ficava registrado no quadro-negro. Depois de terminado, procedia-se a uma leitura coletiva em voz alta.

Uns, por terem participado ativamente, sabiam praticamente a sequência e liam com muita "segurança".

Entre esses, percebia-se que alguns liam palavra por palavra, ficando atentos ao som inicial de cada uma delas. Outros liam ainda de forma mais mecânica, sem essa preocupação.

Ambos os grupos, porém, confiantes de estar podendo ler, sentiam-se cada vez mais impulsionados para o mundo da leitura. Em seguida, apontávamos qualquer palavra no texto e pedíamos para ser lida.

Percebia-se, com esse exercício, quem ainda não havia "sacado" a lógica da leitura.

Alterando essa proposta, lia-se no texto determinada palavra e chamava-se alguém para sublinhar a palavra no quadro.

Após dois ou três dias levava-se o texto datilografado. Inicialmente, sem nenhum comentário, entregava-se o texto e pedia-se que procurassem ler o que estava escrito, em voz baixa.

No início, e principalmente nos primeiros textos, eles ficavam meio tensos, mas pouco a pouco podia-se perceber, de rosto em rosto, uma espécie de alívio e ao mesmo tempo de satisfação, por ver transformado em um texto de estudo aquilo que eles haviam escrito. A reação de verem no papel foi bem mais forte do que no momento em que foi escrito no quadro.

Esta observação foi feita com base em expressões faciais e comentários do tipo: "Eu pensava que as coisas estudadas na escola eram escritas só por gente importante", "Hô, hô, hô, eu só queria ver a cara do pessoal lá em casa a hora que vê isso aqui... tem um monte das coisas que eu escrevi".

Alguns, quando se davam conta de que se tratava do texto produzido por eles, tratavam de localizar onde estava a frase que mais caracterizava o seu trabalho.

Essas atitudes nos davam a certeza do quanto realmente é importante a valorização do ser humano, principalmente daquele mais marginalizado, para que ele se sinta

61

encorajado e desejoso e, enquanto desejante, capaz de aprender.

Os trabalhos com os textos davam margem a uma gama de atividades.

Para a leitura é quase que uma espécie de mágica. Descobrimos que devíamos intervir junto àquele que estava ansioso tentando descobrir no texto a parte escrita por ele, mais especificamente com uma pergunta do tipo: "Você já achou onde está o que você escreveu?" "Não, tou aqui tentando, quebrando a cabeça, mas eu vou achar". "O que foi mesmo que você escreveu e está procurando?" "'O homem trabalha muito e ganha pouco', mas eu não tou achando, eu já olhei todas as palavras que começam com o, mas nenhuma delas é homem'".

Com esta observação não foi difícil perceber que a dificuldade estava relacionada à complexidade da língua portuguesa.

Isso nos deu elementos para passar a trabalhar com essas questões mais complexas.

Como dissemos anteriormente, o texto dava margem para uma série de atividades.

- Inicialmente procurávamos uma discussão mais crítica, a partir do que eles haviam escrito, introduzindo exemplos do atual contexto social, econômico e político, e levantando alguns questionamentos com o objetivo de, aos poucos, levá-los a passar de uma visão ingênua para uma visão mais crítica.

- O porquê da letra maiúscula e minúscula.

- Discutir a pontuação.

- O porquê dos parágrafos.

- O que são frases.
- Diferença entre palavras, letras, frases e texto.
- Assinalar no texto: com um traço, as frases; com dois traços, as palavras; com um círculo, as letras; com um quadrado, o texto.
- Sublinhar as palavras que começam com o pedacinho do seu nome.
- Sublinhar as palavras que têm a família *lha, nha, cha* (sílabas mais complexas que já estavam sendo estudadas).
Obs.: Essa atividade foi realizada somente nos últimos textos. Os textos coletivos eram distribuídos a cada um, e uma cópia ficava numa pastinha para ser impressa no final.

2.2 Tarefa de casa

A tarefa de casa foi uma coisa que eles nos cobraram desde o primeiro dia.

Pudemos perceber que, se de um lado eles criticavam a escola tradicional, e isto ficou evidente na entrevista por meio de observações como: "Hoje em dia parece que não é mais como antigamente, as crianças perderam o amor pela escola" (Carlota); "Eu não sei mais o que fazer com os meninos lá em casa, nenhum gosta de fazer os deveres, preferem brincar de pipa a estudar" (Seno); "É, mais o jeito de ensinar, e as coisas que se ensina não atrai mais as crianças" (Olga). De outro lado, eles procuravam garantir todos os rituais dessa escola, pedindo, às vezes, em forma de brincadeira, outras não, que recebessem castigo aqueles que não fizessem as tarefas de casa ou faltassem à aula.

Podia-se observar através dessas cenas, de forma bem transparente, a questão da contradição. Aparecia ao mesmo tempo a necessidade de perpetuação e o desejo de mudança. Tanto que a primeira colocação de Maria Olendina, no primeiro encontro, como já foi relatado, expressava o receio das pessoas de ter que ir à escola e ficar sentados um atrás do outro, só ouvindo.

Aparecia aí o desejo de mudança.

Porém, ao entrarem na sala, colocaram-se exatamente um atrás do outro.

Aí está uma das funções da educação. Trabalhar com o desejo, mas para isso é necessário estar aberto, estar vigilante, porque é nas entrelinhas que esse desejo aparece.

Essa cobrança por parte deles, com relação à tarefa de casa, foi muito positiva, haja vista o espaço de apenas duas horas e meia de aula por dia. Isto se constituía num meio de avançar mais rapidamente, uma vez que também fora do período de aula eles estariam preocupados com o mundo da leitura e da escrita.

A primeira vez que iriam receber tarefa, pedimos para discutirem entre si o que gostariam de fazer. Isto para nós era importante, uma vez que nos daria mais elementos para analisar o conceito deles acerca das tarefas de casa.

A essa altura não foi muita surpresa, quando entre outras sugestões apareceram as seguintes:

- Encher uma folha com "a, e, i, o, u".

- Fazer dez vezes o nome.

- A professora escreve o ABC no caderno e a gente copia um monte de vezes.

Devolvemos a questão ao grupo dizendo que cada um era livre para fazer a sua proposta, porém, se quisesse optar pela sugestão de algum colega, também poderia. Só havia uma ressalva a fazer: não iríamos escrever no caderno de ninguém para ser copiado.

Cada um deveria pesquisar junto ao material dos filhos e outros materiais escritos, perguntar a um parente, vizinho ou amigo, aproveitar as coisas que já sabia e ir remendando todas as informações até conseguir aquilo que pretendia.

Lembrava-se que não era necessário chegar com a tarefa toda pronta no dia seguinte. O que não queríamos é que alguém fizesse por eles. Podia e devia auxiliar, mas não fazer por eles.

"Amanhã todos vão contar como se organizaram para fazer".

Esta foi uma estratégia que encontramos, para aos poucos irmos desmistificando essa ideia de copiar as coisas ao invés de criá-las.

Parecia que o encaminhamento era por aí; eles chegavam contando que foi um sufoco, porém cheios de vontade de mostrar e contar como foi que fizeram. Este ar de satisfação, por parte deles, dava-nos a certeza de que tinha sido importante passar por esse processo dolorido e de sufoco.

Os trabalhos foram analisados de um a um com a participação de todo o grupo.

A segunda tarefa de casa consistiu em juntar todo material escrito como: jornal, revista, cartilhas dos filhos que não tivessem sendo utilizadas, receitas de remédio, folheto de missa, livro de canto, manual de instruções de qualquer eletrodoméstico, livros em geral. Esse material iria constituir-se num material de pesquisa para eles.

Alguns conseguiram levantar número significativo de materiais, outros uma quantidade menor.

Sugerimos que organizassem em casa uma espécie de minibiblioteca. Não precisava ser uma sala especial, bastava uma gaveta, mesa ou prateleira. O importante era ter um cantinho para o estudo.

Assim se seguiram várias propostas de tarefa de casa. Entre elas citaremos mais algumas.

- Selecionar determinada página de um livro e sublinhar todas as palavras que começam com a primeira letra do seu nome.
- Fazer um círculo ao redor de todas as letras do seu nome.
- Sublinhar com dois traços todas as letras que não pertencem ao seu nome.
- Escrever cinco nomes de pessoas que começam com a mesma letra do seu nome.
- Após o estudo das sílabas e das famílias silábicas, tendo como base o nome Maria, uma vez que quatro colegas tinham esse nome, cada um deveria fazer em casa a separação de sílabas/pedacinhos do seu próprio nome.
- Escrever cinco palavras que começam com o primeiro pedacinho, ou seja, a primeira sílaba do seu nome.
- Classificar no conjunto de palavras escritas por todos os colegas as que são da mesma espécie. Ex.: animais, aves, répteis, pessoas, plantas, flores etc.
- Escrever sobre o seu dia de trabalho.
- Escrever em forma de análise sobre a aula de hoje.
- Escrever o que mais lhe preocupou no dia de hoje.
- Escrever sobre o programa de televisão de que mais gosta e por quê.
- Escrever sobre o seu final de semana com a família.

- Escrever sobre o seu lazer preferido.
- Escrever o que você pensa sobre a escola.
- Ler e posteriormente escrever todos os *outdoors* que você encontrar.
- Ler e escrever todas as palavras e frases pichadas nos muros.
- Levantamento de todos os nomes dos candidatos a prefeito que concorrem à eleição.
- Assistir na televisão o debate dos candidatos a prefeito do nosso município e escrever a sua opinião sobre o mesmo.
- Escrever três nomes de músicas de que mais gosta.
- Escolher entre as cinco letras de música sertaneja que estavam à disposição, para serem lidas e relatadas no dia seguinte, aquela de que mais gosta. Destacar a parte que acha mais interessante.
- Ler uma notícia de jornal (cópia entregue pela professora) sobre a greve dos trabalhadores.
- Ler e escrever o nome dos objetos que você utiliza diariamente no seu serviço.
- Ler e escrever, a partir das embalagens, o nome dos produtos que você compra no mês.
- Trazer embalagens vazias de: sabonete, creme dental, remédios, perfumes, cremes, xampu, arroz, leite, farinha de trigo, açúcar, detergente em pó, massas etc. para leitura.
- Ler a primeira leitura do folheto de missa.
- Escrever no mínimo cinco palavras que comecem com as letras a, b, c, assim sucessivamente com todas as letras. Cabe ressaltar que essa proposta era intercalada com as demais atividades acima citadas.
- Separar por pedacinhos, ou seja, sílabas, as palavras correspondentes a cada letra.

- Escrever as famílias silábicas referentes a cada sílaba das palavras já escritas.

Obs.: Essas três propostas eram concentradas sempre nas palavras escritas acerca de determinada letra.

- Escrever no mínimo três palavras que contenham no início, meio ou fim as sílabas correspondentes às famílias *lha, cha, nha, gua,* enfim as sílabas mais complexas.

Obs.: Era apresentada apenas uma proposta cada dia e também em dias alternados.

- Escrever frases sobre as palavras escritas.
- Dar um exemplo escrito de: letra, sílaba, palavra, frase e texto.
- Escrever os dias da semana.
- Escrever os meses do ano.
- Escrever sobre as estações do ano.
- Escrever que datas eles conhecem em que se comemora dia santo ou feriado e por quê.
- Ler os textos produzidos coletivamente e outros.

Estratégia utilizada para encaminhamento das atividades relacionadas às tarefas de casa

Os últimos cinco minutos da aula ficavam reservados para os esclarecimentos referentes à tarefa de casa.

Era sempre uma expectativa, eles curtiam muito esses momentos. Às vezes, sugeriam, ou participavam na definição da proposta; outras vezes a proposta era definida pela professora.

Firmamos um pacto: não vale pedir a alguém para fazer ou deixar alguém fazer em seu lugar. Discutimos muito essa questão e chegamos à conclusão de que, se somos um grupo que luta por um mesmo objetivo, ou seja, aprender a ler e escrever, então é normal que não podemos ler e escrever do jeito que lê ou escreve quem frequenta ou já frequentou a escola. Neste caso é normal também não fazer tudo "certo".

Portanto, não é preciso temer ou ter vergonha do que fez. Pelo contrário, é mais válido trazer escrito do jeito que sabe, do que se apossar do que o outro fez e dizer que é seu.

Além do mais, nós já discutimos que se aprende muito mais quando se sabe que não sabe do que quando se pensa que sabe. Pois quem pensa que já sabe tudo nunca vai procurar saber mais, mas quem assume que não sabe é porque sente falta de alguma coisa. E, se sente falta, vai buscar alguma coisa que supra essa falta.

Esse momento foi um momento muito sério e procuramos ao longo de todo processo ser muito decisivas nesta posição. Mas não foi muito difícil. Todos incorporaram bem o compromisso assumido.

Nilza, que estava no nível I3, ciente que escrevendo silabicamente como ela escrevia não estava "correto", desestruturou-se de tal forma que começou a apelar para o filho (Marcelo veio conversar conosco) e praticamente forçá-lo a dizer que outras letras eram necessárias para completar determinada palavra. Ela não queria mais assumir a condição de não ter dado conta de avançar nessa questão, uma vez que já lhe era claro que se escrevia diferente, mas não sabia como.

É claro que tínhamos certeza de que ela estava sendo auxiliada, primeiro porque acompanhamos todo o conflito dela. Segundo, porque ela começou a se esquivar de escrever em sala de aula. E quando escrevia ia logo dizendo:

"Já vi que tá faltando letras, não sei como pode, em casa bem tranquila, sai tudo certo, aqui eu acabo ficando sempre nervosa". "Estou com uma dor de cabeça, acho que não vou poder escrever se não vou acabar errando tudo". "Acho que vou ter que mudar a lente desses óculos. Eu quero fazer uma letra e acabo fazendo outra (botava e tirava os óculos constantemente)".

No caso de Nilza e de outros quando passaram por esse nível, não fomos muito rigorosos em cobrar uma produção própria, porque afinal, nesse estágio, poderia ser importante como um parâmetro a mais, entre sua escrita e a convencional.

A primeira proposta de trabalho de cada dia consistia em socializar/analisar em grupo o que cada um havia produzido.

Cada um, desde os primeiros dias, lia o que tinha feito. Pode parecer estranho. Como é que eles liam se não dominavam a leitura, e como ler a escrita pré-silábica e silábica?

Eis um dado interessante. A produção do saber é um processo sofrido, que deixa marcas. Como era produção própria, em que eles "puxaram mais pelo muringa" como diziam, sabiam exatamente o que escreveram e até em que posição da folha se encontrava determinada palavra.

No início não tínhamos sequer muita segurança se devíamos ou não pedir que lessem a própria escrita. Mas, aos poucos, fomos percebendo que além de fazerem questão de ler, liam com muita decisão e segurança.

Com isso dois grandes objetivos estavam sendo alcançados simultaneamente. O resgate da autoconfiança, essencial para a aprendizagem e a possibilidade de confronto entre a sua escrita e a escrita convencional. Sim, porque o passo seguinte era uma sistematização/registro no quadro de todos os trabalhos.

Registrar no quadro era uma forma de possibilitar a eles uma referência e ao mesmo tempo facilitar a análise, ou seja, detectar as "faltas".

Essa análise era feita essencialmente pelo grupo. Assumíamos o papel de problematizadores da situação. A cada questionamento ou afirmação emitida por qualquer membro do grupo devolvíamos a questão, pedindo um posicionamento, uma justificativa ou uma explicação.

O registro no quadro era feito tanto pelos alunos quanto por nós.

No caso de ser feito pelos alunos, como já colocamos, primeiro eles faziam a leitura daquilo que tinham produzido. Em seguida, propúnhamos que de dois em dois ou de três em três, às vezes chamando-os pelo nome, outras vezes não, fossem ao quadro escrever o que tinham feito. Não valia levar junto o caderno para copiar. No máximo poderiam consultar o nome das palavras, caso não lembrassem mais.

Queríamos com isso, além de encorajá-los a se expor mais, conquistar também seu espaço. Para isso cada um teria que achar um cantinho no quadro para garantir a sua escrita.

Além disso, aprender a ler a partir de diferentes estilos de letra também iria facilitar o processo de leitura.

Uma vez registradas no quadro todas as produções dos alunos, analisava-se palavra por palavra.

Como? Pedindo que eles lessem pausadamente o pedacinho da palavra, procurando associar a escrita ao som. Considerando que havia no grupo alunos silábicos, l3 e alfabéticos, não era difícil encaminhar a análise de forma que o próprio grupo detectasse onde estaria a "falta, excesso ou troca" das letras/sílabas de cada palavra.

A cada observação feita por parte de algum membro do grupo em relação a um determinado "erro", o mesmo era levado com a participação dos demais membros do grupo a justificar/explicar o porquê de sua observação.

Em seguida, deslocava-se até o quadro para escrever a palavra que estava sendo analisada, de acordo com sua observação.

Novamente, após a alteração da escrita, passava-se por um processo de leitura da palavra com o objetivo de alertar, uma vez mais, para a vinculação da escrita com a fala.

Ex.: uma palavra analisada pelo grupo: *ninho*.

Escrita inicialmente por Inácia, da seguinte forma: *nihno*.

No momento da leitura o grupo sentia dificuldade de ler. Inácia se apressa e lê: ninho.

O grupo por uns instantes fixa o olhar no quadro tentando certificar-se. Alguns, percebia-se pelo olhar, já haviam notado onde estava o "problema". Outros ainda não.

Alertamos para a importância de todos tentarem descobrir onde estava a "falha" na escrita, que estava dificultando a leitura.

Cada um era livre para fazer suas observações. Todas elas eram registradas e novamente analisadas até chegar-se a um consenso.

- Algumas observações registradas no momento da análise:

"Para ser *ninho* tem que ser escrito com *nho*".

"Ela fez o *n* depois do *h*, daí que não dá para ler".

"Só a troca de lugar de uma letrinha já muda tudo".

"Sempre que tem som de *nho,* tem que vir juntas as letras *n,h,o".*

Essa estratégia de problematizar a situação foi utilizada tentando fazer com que o aluno se tornasse sujeito do seu processo de construção do saber.

Nenhuma resposta às perguntas feitas era dada pela professora sem que antes eles emitissem sua própria opinião a respeito.

Sim, porque à medida que surge uma dúvida/questionamento, é porque alguma informação/conhecimento se tem acerca do objeto questionado.

E é portanto esse conhecimento que o indivíduo já possui, que lhe servirá de base para a estruturação de conhecimentos mais elaborados sobre o referido objeto.

A análise das produções dos alunos realizadas a partir do registro das suas produções no quadro, pela professora, visava principalmente estabelecer um parâmetro de referência para os mesmos com relação à escrita convencional.

Até mesmo nas primeiras vezes não foi necessário qualquer tipo de observação no sentido de levá-los a comparar as escritas.

A curiosidade em detectar as diferenças era muito grande.

Eles tinham clareza que, do jeito que escreviam, nem todos ainda conseguiam ler. Por outro lado, tinham consciência de que esse era um estágio que teriam que superar.

Procurava-se garantir um espaço para que, além de detectar a diferença, cada um procurasse justificar o porquê das diferenças.

No caso daqueles que não conseguiam ver nenhuma lógica, eram proporcionadas, no dia seguinte, atividades que viessem de encontro ao nível de desenvolvimento de cada um, com vistas a fornecer novos elementos que permitissem avançar na elaboração de hipóteses.

Todas as palavras escritas por eles, após serem analisadas, eram transcritas pela professora em pequenas cartilhas e incorporadas ao tesouro de palavras, visando dar margem a um número infinito de atividades.

Praticamente toda a aula era desencadeada a partir da análise das tarefas. Cada questão levantada implicava mais quatro ou cinco, e assim sucessivamente.

2.3 Tesouro de palavras

O tesouro de palavras consiste em uma espécie de coleção de todas as palavras escritas e/ou estudadas por eles, no decorrer de todo o processo.

O "tesouro" consta de uma caixa onde são incluídos todos os nomes das pessoas, de animais ou de objetos que lhes são mais importantes.

Arbitrar palavras e ensiná-las uma a uma, como as cores para as crianças que não vivenciaram antes, é inútil.

Não se trata de uma memorização direta da correspondência da letra ao seu som, pela repetição dessa informação por parte de alguém que ensina. Essa aprendizagem é muito mais complexa e passa pelos meandros da sociabilidade e da afetividade.

A aprendizagem passa também pela sofrida dor da produção. Fazer e refazer gera angústia, insatisfação, medo, mas tudo isso acompanhado de um desejo muito grande de superar essa limitação. Gera também, e principalmente, um prazer muito grande, o que impulsiona o sujeito a desafiar cada vez mais o mundo da leitura e da escrita. Portanto, somente as palavras que fossem significativas, seja por se tratar do seu próprio nome, seja por se tratar de alguma palavra escrita/produzida por eles, eram incluídas no "tesouro".

As primeiras palavras do tesouro constituíram-se nos nomes de cada um e de seus familiares. "Associar letras a nomes que lhes são significativos constitui o caminho inicial para o reconhecimento, tanto morfológico como sonoro das letras" (Esther Pillar Grossi)

Além de uma fonte de pesquisa para saber como se escrevem aquelas palavras, o tesouro dava margem para infinitas atividades como: em pequenos grupos eram distribuídas equitativamente as palavras constantes do tesouro e em seguida encaminhadas propostas como estas:

- Separar somente as palavras que começam com determinada letra.

- Separar as palavras que começam pela letra do seu nome.

- Separar as palavras que contêm o mesmo número de letras de determinada palavra previamente estabelecida.

- Verificar que letras não possuem ainda nenhuma palavra escrita.

- Classificar somente nomes de pessoas.

- Classificar somente nomes de animais.

- Classificar somente nomes de aves.

- Classificar somente nomes de répteis.

- Classificar somente nomes de cidades.

- Classificar somente nomes de plantas.

- Classificar somente nomes de objetos da escola.

- Classificar somente nomes de estações do ano.
- Classificar somente nomes dos meses do ano.
- Classificar somente nomes dos dias da semana.
- Classificar somente nomes de alimentos.
- Classificar somente nomes de vestimentas.
- Classificar somente nomes de flores.
- Classificar somente nomes de coisas boas de um lado e ruins de outro.
- Classificar somente nomes das cores.
- Classificar somente nomes que se referem a mais de uma coisa.
- Classificar somente nomes que se referem a uma só coisa (singular).
- Classificar somente nomes que estão no masculino.
- Classificar somente nomes que estão no feminino.
- Classificar somente nomes de utensílios domésticos.
- Classificar somente nomes dos meios de transportes:
   - aéreo
   - marítimo
   - terrestre.
- Classificar somente nomes de perfumes.
- Classificar somente nomes de remédios.
- Classificar somente nomes de cosméticos.
- Classificar somente nomes de material de limpeza.
- Separar somente as palavras que começam com o primeiro pedacinho (sílaba) do nome de cada um.
- Contar o número de palavras que começam com o mesmo pedacinho e formar conjuntos de acordo com o nome dos colegas.

- Separar somente as palavras que possuem as sílabas referentes à família *cha, che, chi, cho, chu*.

- Separar somente as palavras que possuem as sílabas referentes à família *lha, lhe, lhi, lho, lhu, nha, nhe, nhi, nho, nhu*, e assim sucessivamente com todas as sílabas mais complexas.

- Cada um retirar do tesouro todas as palavras escritas por ele ao longo de todo o processo.

- Escrever determinado número de palavras que começam com o mesmo pedacinho da palavra selecionada do tesouro.

- Escrever as famílias silábicas de todas as sílabas de determinada palavra retirada do tesouro.

- Ler, a partir de sorteio, determinado número de palavras.

- Separar as sílabas das palavras lidas de acordo com a pronúncia.

- Retirar somente as palavras que terminam com o mesmo som.

- Escrever frases a partir de palavras escolhidas por cada um.

- Escolher uma palavra e escrever tudo o que sabe sobre ela.

Obs.: Todas essas atividades eram discutidas, analisadas e sistematizadas.

Em nível de jogo as propostas, a partir do tesouro, eram organizadas da seguinte forma: aproveitava-se o conhecimento que eles tinham sobre as cartas do baralho, por exemplo, e pedia-se que inventassem um jogo onde as cartas seriam substituídas pelas cartelas de palavras.

Foi muito interessante o processo, todos opinaram e participaram na seleção das palavras, discutindo inclusive critérios para a seleção das mesmas.

Ou seja, a base de referência seria, por exemplo, a primeira sílaba, a primeira letra, ou determinada sílaba, não importando a posição, ou, ainda, palavras em que constassem somente nomes de animais etc.

E assim, depois de muita discussão, estava montado o jogo.

Percebeu-se, ao final, um cuidado muito grande em conferir se realmente o jogo estava completo, evitando assim o risco de uma possível falha no momento da jogada.

Uma rodada foi feita inicialmente em nível de experiência.

A partir dela foram definidas as regras do jogo. Entre elas, uma era esta: fazia o jogo quem primeiro conseguisse reunir as quatro palavras, de acordo com os critérios anteriormente definidos. A segunda consistia em ler as palavras ao final do jogo. Os grupos definiram, também antecipadamente, o número de pontos de cada carta.

Como eram três grupos, e cada grupo organizou o jogo do seu jeito, posteriormente houve uma permuta entre eles, onde cada grupo, por sua vez, tinha a responsabilidade de orientar quanto aos procedimentos.

Essa modalidade de jogo foi muito variada, uma vez que eles conheciam várias maneiras de jogar e todos queriam adaptar a forma conhecida tradicionalmente ao jogo das palavras.

A adaptação, porém, era feita sempre por eles. Cada um contava a forma que conhecia e, em conjunto, a partir de muita discussão, recriavam o jogo.

Nossa função era ficar atento a tudo, intervir quando necessário, quer problematizando, prestando esclarecimentos, questionando, quer, provocando uma situação que fosse ao mesmo tempo prazerosa e produtiva, no que se refere à aprendizagem.

Uma entre as variações feitas, que despertou muitas risadas, consistiu no seguinte: o processo para a organização do jogo era o mesmo, as regras é que sofriam alteração, e para esse caso a atenção teria que ser redobrada.

Quem primeiro conseguisse juntar as quatro palavras referentes a um mesmo critério deveria colocar o seu jogo sobre a mesa e rapidamente apanhar um dos objetos, que estavam distribuídos no centro da mesa, cuja quantidade era menor do que o número de jogadores.

Imediatamente após, e por que não dizer simultaneamente, todos teriam que estar atentos e também apanhar o objeto. Como a diferença entre o número de objetos e o número de jogadores era de um, alguém acabava ficando sem o objeto. Este, no caso, era quem perdia o jogo.

Os comentários eram os mais ricos possíveis: "Só me faltava tal palavra", "Eu me perdi porque confundi os critérios, acabei passando duas palavras que me serviam", "Fulano já havia sacado que eu estava precisando de 'tal' palavra e por isso não liberava. No final teve que soltar na marra. Tanto que ele apanhou o objeto antes que eu".

Começamos a constatar que, principalmente as palavras do tesouro que entram no jogo, passam a ter uma significação muito maior, servindo como ótimo ponto de referência para escrever outras palavras cujo som será semelhante. Os próprios colegas, frente à dúvida de alguém, responsabilizavam-se por estabelecer uma associação da letra ou sílaba desejada com aquelas referentes às palavras exploradas no jogo.

E assim, gradativamente, o grupo ia elaborando as suas próprias sínteses e nós com eles, descobrindo pequenos segredos que ajudam na aprendizagem.

Dominó

O dominó também foi um jogo adaptado com base nas palavras do tesouro.

Os passos que se seguiram para a organização do jogo foram praticamente os acima mencionados, ou seja, a organização do jogo era feita essencialmente pelo grupo.

O dominó, por ter uma quantidade maior de pedras, tornou-se um pouco mais complexo.

Um dos alunos, em determinado momento, chegou a pensar que não seria possível montar o dominó a partir das palavras.

A primeira jogada, feita em nível de experiência, ficou bastante truncada, mas eles foram desenrolando e desvendando os pontos ainda obscuros.

A superação do último problema foi comemorada com um soco na mesa por parte do Seno, daqueles carregados de energia e acompanhado da seguinte expressão: "Como é que quando a gente qué a gente consegue, isso é sinal que nóis não tamo com a cabeça ruim".

Todos aplaudiram essa conquista que tinha um pouco do esforço de cada um.

Ludite dizia que sentiu até dor de barriga, enquanto tentava fazer.

Carlota disse ter feito no mínimo umas vinte tentativas, todas diferentes.

Percebia-se que eram pequenas coisas que representavam grandes conquistas.

Bingo

Tirava-se aleatoriamente do tesouro a metade das cartelas ou palavras. Distribuía-se a mesma quantidade de cartelas para cada pequeno grupo; esse, por sua vez, distribuía quantidade igual para cada membro.

Cada um espalhava sobre a carteira as palavras que recebia.

Estabelecia-se o critério do jogo que podia variar em cada rodada. Exemplo:

- Marcar somente as palavras que possuem determinada sílaba.

- Marcar somente as palavras que começam com determinada letra.

- Marcar somente as palavras que dizem respeito a nome de pessoas.

- Marcar somente as palavras que possuem três ou mais sílabas.

etc.

Em seguida a professora retirava a palavra da outra metade que ficou na caixa e socializava o grupo. Marcava ponto aquele que no seu conjunto de palavras tivesse uma ou mais que possuíssem a característica de acordo com o critério preestabelecido.

Cada um, além de marcar o seu, era responsável em analisar o trabalho dos demais colegas, como forma de garantir que ninguém perdesse ponto.

O objetivo maior era, sem dúvida, garantir a troca de informações entre eles.

2.4 Dicionário

Primeiramente foi encaminhada uma discussão sobre a função do dicionário. Essa discussão teve como ponto de partida as informações que eles já possuíam acerca do dicionário. Onde se encontra, para que serve, quem utiliza, quando se utiliza, porque nem todos têm acesso, de que forma ele é organizado, porque é organizado de determinada forma.

Cabe ressaltar que, desde o primeiro dia, entre outros materiais escritos, estava lá também o dicionário, que em geral todos já tinham tido a curiosidade de manusear, talvez até pelo fato de que, segundo eles, o dicionário se parecia muito com a Bíblia.

Combinamos em grupo que organizaríamos dois dicionários. Num iríamos registrar todas as palavras aprendidas, sem nos preocuparmos com o significado das mesmas.

O objetivo pretendido com esse dicionário era fazer dele uma fonte de pesquisa. Cada vez que alguém tivesse dúvida quanto à escrita de determinada palavra, deveria recorrer a ele.

Para facilitar a pesquisa, o dicionário teria que ser organizado por ordem alfabética.

Discutimos então como faríamos essa organização, e o grupo decidiu, entre outras sugestões, que toda semana um pequeno grupo ficaria responsável pela inclusão, no dicionário, das palavras estudadas naquela semana.

Isto significava que eles teriam que ficar muito atentos para a sequência das letras. A rigorosidade centrava-se apenas na primeira letra da palavra.

O dicionário foi organizado de forma que ficassem duas folhas disponíveis para cada letra e em caso de necessidade acrescentar novas folhas.

Para facilitar, os pequenos grupos poderiam recorrer ao tesouro das palavras, tanto que passamos a ter dois tesouros, um contendo o total das palavras, o outro onde eram colocadas somente as palavras da semana. No início de cada semana essas últimas eram incluídas no tesouro maior.

Para efeito de registro no dicionário, os membros do grupo poderiam retirar a palavra do tesouro e copiá-la com vista a garantir a escrita convencional e consequentemente facilitar no momento da pesquisa. Além, claro, de o contato direto com a palavra possibilitar novas referências para o seu processo de construção do saber acerca da leitura e escrita.

Todos estavam supercuriosos para ver as primeiras palavras escritas.

Porém, quando chegou a vez de definir qual o grupo que iniciaria, percebeu-se uma certa insegurança frente ao novo.

Diziam que só aceitavam ser o primeiro, caso a professora ajudasse. Manifestamo-nos dizendo: "é claro que vamos ajudar, se necessário, mas temos certeza que vocês entenderam. E, além do mais, vocês são em cinco para discutir entre si".

Seno, líder de um grupo, foi logo dizendo aos companheiros do seu grupo: "Vamos nóis assumi se a gente errá não faz mal, não é errando que se aprende?"

A expectativa era tão grande que a organização teve que ser feita ainda naquela noite, atrasando em quase meia hora o horário de saída.

Acabou que todos participaram ativamente, apresentando sugestões ao grupo responsável que chegou a se irritar, porque não pôde exibir o trabalho como uma produção exclusiva. Reclamaram dizendo: "Também ficou todo mundo pendurado em cima da gente, não dava nem para se mexer". "Eu acho que os outros grupos foram muito metidos, não tinham nada que ficar dando palpite, a gente sabia como era para fazer". "Tinha gente até trepada, parecia até que estávamos com um tesouro de dólares".

Diariamente, dois alunos eram sorteados para retirar do tesouro uma palavra, ler ao grupão e em seguida pesquisar no dicionário.

Quanto ao segundo dicionário, o mesmo contínha o significado da palavra. Só eram registradas palavras novas cujos significados não eram conhecidos pelo grupo.

Os significados eram amplamente discutidos, só posteriormente entravam para o dicionário. Como era um número menor de palavras e o significado seria discutido e sistematizado em grande grupo, coube a todos a responsabilidade do registro, porém destacaram Ana para escrever.

Ana estava sendo entre o grupo o suposto saber em relação à escrita convencional, o que não significa que ela ocupava esse lugar em outros aspectos como: liderança, posicionamento crítico, conhecimentos gerais, simpatia.

A cada palavra nova que entrava para o dicionário dos significados, cada um teria que escrever duas ou três frases a respeito.

No dia seguinte as frases eram lidas, discutidas e analisadas pelos próprios colegas, que iriam julgar se correspondiam ou não ao significado.

2.5 Jornal

O jornal foi lançado somente no segundo mês de aula.

O objetivo era registrar os principais fatos e acontecimentos, tanto da sala de aula como da comunidade e, claro, exercitar a escrita.

Além do jornal escrito, fazia-se também uma vez por semana o jornal falado. A mesa da professora era transformada em tela de televisão. Foi feito por um aluno um quadrado contornado por madeira, cujo desenho imitava uma televisão.

O contorno de madeira era afixado sobre a mesa, o aluno sentava na cadeira da professora e cheio de pose fazia o jornal.

O objetivo deste trabalho era exercitar com eles a sistematização das informações, e principalmente a oportunidade de se expressarem, de falarem a um determinado grupo, sem amolecer as pernas e perder a voz, como eles diziam. Essa autoconfiança era fundamental ser resgatada, cada vez mais, para garantir, por meio da própria alfabetização, que o aluno se tornasse sujeito do seu processo de construção do saber.

Uma outra proposta de trabalho que também foi incluída no jornal constituía-se no seguinte:

Recortavam-se dos principais jornais da cidade títulos de notícias, cujos temas fossem atuais e ligados preferencialmente a situações que refletissem, direta ou indiretamente, no dia a dia de cada um, ou da classe trabalhadora em geral, como por exemplo: inflação, greve, aumento da cesta básica e aumento do aluguel.

Misturavam-se todos esses títulos, colocando-os em um envelope, e cada um tirava um título sobre o qual teria que escrever.

A proposta inicial era a leitura do título duas, três ou quantas vezes fosse necessário para entender a mensagem. A interpretação era responsabilidade exclusiva de cada um. Não havia nessa proposta qualquer interferência da professora. Cada um ia escrever sobre o assunto de acordo com o seu entendimento, ou seja, era deles a responsabilidade de escrever o artigo referente àquele assunto.

O principal objetivo com este tipo de proposta era provocá-los a ler não mecanicamente, mas sim estabelecendo uma relação com os fatos acontecidos. Alertando-os inclusive para o fato de que a leitura mecânica não faz sentido, que o domínio dela faz meros robôs.

Após a elaboração do artigo, cada um relatava ao grupão o que escreveu. A partir do relato de cada um, ou no decorrer do mesmo, procurava-se instigá-los para uma leitura ainda mais crítica dos fatos, estabelecendo pontes com as relações sociais, econômicas e políticas do país, baseados sempre em situações concretas do dia a dia.

As reflexões/debates eram encaminhados sempre em forma de questionamento, como meio de envolver todos na discussão. Nos primeiros momentos o número de participantes era reduzido, mas, aos poucos, todos iam se envolvendo, a ponto de levar adiante a discussão praticamente sozinhos. No final, as discussões eram oralmente sistematizadas.

3 Fatores que interferiram no processo e tiveram que ser trabalhados no sentido de superá-los

Nos primeiros dias eles queriam muito saber por que não tinham cartilha.

Tivemos que explicar-lhes então que escrever não é nada mais que passar para o papel o pensamento da gente ou as coisas que a gente lê.

E que nesse caso a cartilha não ajuda a gente a pensar, porque alguém que a gente nem conhece já pensou pela gente, já trouxe a coisa pronta. Resta apenas preencher e copiar, e isso robô também faz, mas nós queremos ser mais do que robôs. Queremos escrever as coisas que pensamos e ler as coisas escritas que estão mais perto de nós. E essas coisas nem sempre estão na cartilha. Elas podem estar no livro da missa, na receita do remédio, na carta do amigo, nas embalagens do sabonete, detergente, arroz, leite, maizena®, refrigerante, nas placas da farmácia, padaria, lojas, hospitais, escolas, instituições públicas, bancas de jornais e revistas, na placa indicando o destino do ônibus, o nome e valor das ferramentas etc. São essas as coisas que com mais frequência nós nos deparamos e temos que ler. A cartilha muitas vezes a gente mal conhece, trata de coisas distantes da nossa realidade.

Procuramos fazer uma analogia entre aprender a ler/escrever e aprender uma profissão. Para isso pedimos que cada um tentasse lembrar como foi que aprendeu o seu atual ofício. As dificuldades que enfrentou, os medos de não aprender, os erros cometidos, os acertos realizados a partir dos erros, as novas descobertas feitas a cada dia, a partir do próprio fazer, enfim, o aperfeiçoamento constante do trabalho, a ponto de poderem ser considerados hoje bons profissionais naquilo que fazem. E todos falaram da sua experiência, apontando as maiores dificuldades realmente como as mais ricas em termos de ensinamento.

Seno contava que iniciou na mecânica conhecendo apenas algumas ferramentas utilizadas e que nem sequer sabia dirigir, muito menos conhecia o motor do carro. Mas essa era uma chance de emprego que ele não poderia perder.

Dizia: "No início não fiquei muito preocupado porque a firma que eu ia trabalhar comunicou que teria uma semana de curso e que então iria aprender tudo. No curso fiquei desesperado, não estava entendendo nada do que eles falavam, os desenhos das peças de carro e a forma que eram organizadas eu não sabia nem imaginar como seria isso no carro. Teve também umas aulas práticas, mas não ajudou muito.

Eu precisava muito daquele emprego, então uns colegas sempre faziam para mim, sem o patrão saber, mas o meu serviço não rendia. Eu já estava para ser demitido quando resolvi meter a cara. Dali pra frente cada dia eu ia descobrindo uma coisa nova, e aquela eu não esquecia nunca mais. Tinha um colega que sabia tudo, ele botava o olho e sabia onde estava o problema. Eu pedia para ele conferir meu serviço, ele olhava e dizia que tava bão e se não tava pedia para fazer de novo. Eu confiava muito nele. É incrível, ainda hoje, depois de nove anos, quando eu já sou visto como um bom mecânico, como todo dia aparecem coisas novas!" (Quando falou "é incrível" deu até um soco sobre a carteira).

Maria Olendina: "Eu já estava irritada, eu queria aprender a fazer tricô, pedia pra todo mundo me ajudar, minha mãe já estava cansada de me mostrar como se fazia, uma vez ela ficou um meio-dia todo fazendo para eu aprender e nada. Um dia ela não estava, eu peguei as agulhas e comecei. Se não dava certo eu desmanchava e fazia de novo, ela não tava mesmo para fazer pra mim" (deu uma risada cínica). "Olha, foi a melhor coisa depois daquilo, eu podia pegar qualquer blusa que eu tirava o ponto. Só pedi pra minha mãe me ensinar a fazer a cava e decote e em dois toque eu aprendi".

Assim cada um reviveu a sua história. Aproveitamos essas experiências vivenciadas por eles e fizemos uma comparação entre o processo de aprendizagem do ofício deles com o aprender a ler e escrever. Ou seja, que também se aprende a ler e escrever "metendo a cara", mexendo com as ferramentas da leitura e escrita, sejam elas quais forem: letras, palavras, frases e textos. E que só se aprende mesmo a partir do momento que se vai descobrindo o segredo das coisas e não enquanto se espera que outros façam pela gente.

Enquanto se espera que outros façam pela gente, de tanto ver, ouvir e repetir também se aprende, mas é uma aprendizagem que nos deixa dependentes do outro, é quase como não aprender, porque no momento que o "outro" não está perto, não se sabe o que fazer.

Isto significa que os nossos atos são do outro, e consequentemente que nós não somos. Ou seja, não somos sujeitos. Porque ser sujeito significa ser autor, criador, construtor. E é esse o nosso objetivo. Ou não é?

Essas reflexões, embasadas sempre em situações vivenciadas por eles e portanto possíveis de serem compreendidas, eram constantemente necessárias para explicar a nossa posição e desmistificar o conceito, tido por eles, quanto ao papel da escola e do professor, frente ao ato de ensinar.

Percebemos que este jeito de dialogar, de socializar com eles os porquês de alguns dos nossos procedimentos, em sala de aula, a princípio diferentes daqueles que eles tinham como certos, vinha contribuindo muito para o estabelecimento do vínculo da confiança em si e no professor, do resgate do ser, do sujeito de cada um.

Isto porque a cada dia o grupo se apresentava com uma energia renovada.

- A própria maneira de sentar na carteira vinha sendo alterada; de uma posição encurvada para uma posição ereta, firme e decidida.

- O jeito de se vestirem também se modificou; as mulheres, em geral, passaram a se maquiar e a vir bem penteadas. Andavam na rua de cabeça erguida. Carlota enfrentou sérios problemas com os vizinhos que passaram a chamá-la de "dotorazinha que virou besta" depois que foi para a escola.

Os homens vinham diariamente perfumados.

- Passaram a discutir suas ideias e defendê-las.
- Não fosse nossa posição queriam aula até nos feriados.
- A presença era maciça, e não havia preocupação com as faltas porque sequer se fazia chamada em sala de aula. Fazia-se apenas um controle para efeitos de sistema, do que eles nem tomavam conhecimento.

4 Observações que mereceram destaque durante a prova/teste

Gerou-se uma expectativa muito grande por parte principalmente daqueles que já tinham passado pela escola, percebia-se observações tais como:

"- Ai meu Deus, eu não vou saber nada.

- Já sei que o meu vai ser todo riscado de vermelho.
- Na hora vou esquecer tudo...
- Vou tirar zero..."

Que o conceito de teste para eles era algo do tipo bicho-papão, ou seja, onde vão ter que expor suas inseguranças e incertezas. Ao contrário, os que tiveram pouca ou nenhuma experiência de escola estavam tranquilos. O conceito de prova não passava muito de uma outra atividade qualquer.

O desejo demonstrado pelos alunos de avançar rapidamente na leitura e escrita não nos encheu de coragem para realizar o segundo teste individualmente, apesar de acreditarmos neles.

Se, de um lado (sob o nosso ponto de vista), poderíamos aprofundar muito mais o nível em que cada um se encontrava, de outro lado, do ponto de vista dos alunos que não queriam perder um minuto, isto era visto como perda de tempo. Cabe ressaltar que, por motivos tanto nossos quanto dos alunos, o único tempo que tínhamos para estar juntos era aquele período de aula. E eles queriam tirar o máximo proveito. Considerando ainda que não tínhamos nenhum auxiliar, optamos por fazer o teste coletivamente.

As palavras do teste foram selecionadas a partir do tesouro de palavras, elaborado com palavras escritas individual e coletivamente no grupo.

Antes foram feitas algumas recomendações tais como:

- É importante que cada um faça do seu jeito, sem se preocupar nesse momento como é que o colega fez.

- Nós precisamos pensar com a nossa cabeça e fazer com as nossas mãos.

- Não podemos ficar dependentes dos outros, pensar como os outros pensam, fazer como os outros fazem, e não devemos nunca nos limitar a querer ser fotocopiadoras, temos que "meter a cara" e, se preciso, "quebrar a cara".

Todos estão aqui com um objetivo muito claro: aprender. Para que possamos contribuir para que essa aprendizagem se dê da forma mais rápida possível, precisamos conhecer bem em que nível cada um se encontra frente à leitura e à escrita. Daí a importância de cada um fazer do seu jeito.

O critério combinado com o grupo no momento do teste foi o seguinte:

A própria professora dita a palavra, e repete pausadamente. É preciso que cada um fique muito atento; preste atenção nas palavras, escute a própria voz para poder perceber o som da palavra.

Assim que terminar de escrever, leia pausadamente, a fim de analisar sua escrita.

No decorrer do teste foi fantástico observar a seriedade e o compromisso de cada um.

As certezas, o ar de satisfação e por vezes o conflito.

Ia, por exemplo, não se conformava ao olhar a palavra (co) gomunidade, escrita por ela. Lia, relia e dizia: "falta alguma coisa no primeiro pedacinho, antes do um", repetia várias veze co, co, co, mas na hora da escrita ficava go. O mesmo acontecia com a palavra esgola (escola).

No momento da análise geral dos testes junto a todo grupo sua expectativa foi grande, seus olhos brilhavam e, assim que apareceram entre as diversas formas escritas pelos alunos, as palavras comunidade e escola, ela prontamente se manifestou dizendo: eu tinha certeza que o meu não estava certo, ao ver a palavra comunidade escrita com "co" e escola com "co".

Não tinha mais dúvida de que convencionalmente se escrevia daquele jeito. Agora sorria cinicamente ao ler gomunidade.

Laurindo, que estava apenas com um mês de aula, também passou por várias dúvidas, vários conflitos.

Ao escrever "conucaidae" (comunidade) inconformado dizia: "falta alguma coisa, nem sei, às vezes parece que tem coisa que não precisa".

Ao escrever "ecoa" (escola) dizia: "falta alguma coisa, são três pedacinhos (sílabas) não pode ser tão pequena". Então solicitamos que separasse por pedacinhos e ele fez "e-c-a"

es-co-la

Ao escrever "o" (pó) não se conformava, dizia que não tinha nem lógica, não podia ser só "o", mas ao mesmo tempo dizia que era só um pedacinho, só se abria a boca uma vez para dizer pó. Após repetir várias vezes o som da palavra pó, disse satisfeito "já sei" e acrescentou letras re/as ore.

Ao escrever a palavra lua, ficava repetindo "lu a" e disse: "é só dois pedacinhos, então já sei"; e escreveu com segurança "ua", lendo em seguida com ar de satisfação lua.

Se correto ou não, não temos muita certeza, mas nós sempre explicamos a eles a teoria na qual está fundamentada a nossa prática. Até porque constantemente eles nos cobravam um posicionamento no sentido de dizer o que estava "errado" na escrita deles e riscar com caneta vermelha, de preferência. Havia participado também do relato de Madalena Freire que, do nosso ponto de vista, fala com muita propriedade quando relata o que entende sobre o que é partir da realidade.

Sob o ponto de vista de Madalena Freire, teríamos que começar da realidade deles, ou seja, neste caso, da visão que eles tinham sobre o papel do professor (que fala enquanto eles ouvem, que escreve enquanto eles copiam), de escola (que transmite conhecimento para quem não "sabe"), de ensinar (que é colocar na cabeça do aluno), de prova (que é corrigir e riscar com caneta vermelha as coisas erradas) e pôr de castigo (quem não faz a lição e conversa durante a aula) etc. Até admirávamos a ideia de partir da realidade e procurar transcendê-la, acreditávamos que realmente era por aí, mas confessamos que não conseguíamos enveredar por este rumo. Não nos sentíamos à vontade e nem conseguiríamos fazer. Já tínhamos incorporado tanto a ideia de que era preciso desmistificar esses conceitos todos, e que isso só seria possível através do nosso compromisso, da nossa postura em sala de aula, e da forma de encaminhar o processo ensino-aprendizagem, transferindo o eixo central do professor para o aluno, valorizando e considerando o seu conhecimento, problematizando situações, incentivando e sistematizando com eles todas as questões levantadas. E foi por aí que tentamos caminhar. Ainda dentro do exemplo de Madalena Freire, teríamos, por exemplo, que corrigir de acordo com o convencional (sim, pois esta era a visão que tinham). O texto do Sr. Laurindo, que está no nível silábico, consequentemente, ficaria todo "riscado". Conhecendo a psicogênese da alfabetização e constatando na prática esta extraordinária descoberta, é impossível se prestar a esse tipo de tarefa.

Voltando um pouco à análise dos testes com os alunos: analisamos com eles a partir da produção e observação, o nível em que cada um se encontrava frente à leitura e à escrita e o quanto era normal e ao mesmo tempo correto escrever "faltando letras" ou colocando letras que "não têm nada a ver", como eles diziam e que portanto seria injusto com eles riscar de vermelho e considerar errado e que nós, conhecendo esse processo pelo qual cada um que está aprendendo a ler e escrever passa, jamais poderíamos fazer isso que eles haviam pedido, ou seja, corrigir as provas sob o ponto de vista tradicional. E quando para a escrita ou "erros" de cada um havia uma explicação e eles puderam se encontrar em cada explicação dessas, os olhos brilhavam e faziam observações como: "Nossa, mas os outros professores não sabem disso. Por isso que não se aprende".

Os critérios adotados para a análise foram: Escrevíamos no quadro todas as diferentes formas com que foram escritas cada palavra. E, de uma em uma, solicitava-se ao grupo que detectasse e analisasse as diferenças; que cada um identificasse entre as diversas formas com que as palavras foram escritas, qual a que foi escrita por ele, e qual no conjunto parece a mais fácil de ser lida, ou seja, a que convencionalmente é tida como correta. Após a opinião de cada um, instigávamos para que eles justificassem/explicassem o porquê da sua opinião, como forma de aprenderem a se posicionar e, ao mesmo tempo, exercitar o processo de construção/sistematização conjunta. Essa problematização gerou uma participação extraordinária do grupo, o que fez com que concluíssemos que para aquela situação e com aquele grupo esta estratégia de análise feita juntamente com os alunos foi produtiva.

COMUNIDADE
comunidade	(Fátima, Ludite, Inácia, Olga, Ana, Seno)
gomunidade	(Ia)
comunidae	(Sidnei)
conucaidae	(Laurindo)

PROFESSORA
professora	(Ia, Inácia, Sidnei, Olga)
profecora	(Ludite)
professora	(Ana)
professura	(Seno)
reosra	(Laurindo)
profesnhas	(Fátima)

ESCOLA
esgola	(Ia, Seno)
escola	(Ludite, Inácia, Olga, Ana)
esicola	(Sidnei)
decolas depois escola	(Fátima)

NINHO
ninho	(Ia, Ludite, Inácia, Sidnei, Olga, Ana, Seno, Laurindo, Fátima)
nihno depois ninho	(Inácia)
nio, niho, ninho	(Laurindo)
nernho, ninho	(Fátima)

PÓ
pó	(Ia, Ludite, Inácia, Sidnei, Olga, Fátima)
pól	(Ana, Sidnei – depois refez)
pô	(Seno)
poe	(não se conformava acrescentou mais duas letras)
popo	(Fátima – depois fez certo)

BEBÊ
bebê	(Ia, Ludite, Inácia, Sidnei, Olga, Ana, Seno, Laurindo, Fátima)
pepê	(Adelar)

LUA
lua	(Ia, Ludite, Inácia, Olga, Ana, Seno, Fátima)
ua	(Laurindo)

Obs.: Sidnei não fez.

ESPECIALISTA
espesalista   (Olga)
especialista   (Ana)
espesialista   (Seno)

TRABALHADOR
trabalhador   (Ana)
trabanhador   (Seno)
Obs.: Olga não fez.

QUADRINHA
quadrinha   (Ana)
gadirnha   (Seno)
qua trinha   (Olga)
HORTA   (Ana, Seno, Olga)
OSSO   (Ana, Seno)
ousso   (Olga)

ASSISTIR
assistir   (Ana)
asistur   (Seno)
a sistir   (Olga)
esperansa   (Ludite, Inácia, Seno)
gosta   (Ia, Inácia, Olga)
gota   (Ludite)
estoda   (Inácia)
d   (Inácia, Laurindo)
alunos   (Sidnei)
espelasa   (Sidnei)
gropo   (Seno)
e p r s a   (Laurindo)
iur   (Laurindo)

Obs.: Roçado com letras minúscula: Olga, Sidnei, Inácia
Obs.: Ana "acertou".

Estratégia utilizada para análise:

   - A professora escrevia no quadro as diferentes formas com que foi escrita cada palavra pelos alunos e problematizava a situação:

- Quais as diferenças existentes entre uma e outra forma escrita.
- Tentar ler de cada jeito.
- Qual parece mais fácil de ser lida, levando em conta a palavra ditada.

Análise dos testes que, de um lado, atendeu à expectativa do grupo de ver seus trabalhos corrigidos; de outro, possibilitou por meio da problematização das palavras um avanço, sem dúvida significativo por parte do mesmo, sob o ponto de vista da linha pós-construtivista.

Confessamos que cada vez mais, apesar das nossas dúvidas e inquietações, aumenta a nossa certeza de que, para a escola poder efetivamente contribuir para a superação da estrutura social vigente, é preciso também ela superar a forma tradicional e arcaica com que vem formando os atuais e futuros cidadãos dessa nação.

Para tornar o ser sujeito do seu próprio processo de construção, como muito bem vem sendo pregado nos discursos tidos como progressistas, não é assim de forma mágica ou mística que acontece. Mas é sim com muita luta, com desespero às vezes. Quando você está ciente de ter feito o melhor, percebe que foi altamente egoísta, analisando determinada situação somente sob o ponto de vista de quem sabe, não considerando outros fatores, entre eles a forma particular como cada um aprende.

5 Repercussão na família e na comunidade

As famílias e a comunidade em geral não deram muita atenção ao curso.

Preferiram ignorar a informação, como se ela não lhes dissesse respeito.

Em entrevistas informais, feitas com algumas pessoas, ao passar pelas ruas do bairro, com o intuito de fazer um reconhecimento do local, perguntava-se se já sabiam do curso que iria começar para adultos e se na opinião deles ia dar muita gente.

Obtivemos as seguintes observações:

"Olha moça! Se a gente fosse vê direitinho, a metade dessa gente não sabe lê não senhora, agora ir para a escola não vão não".

"Sabê todo mundo sabe, mas tá todo mundo fazendo de conta que não ouve".

"Eu não sei ler não senhora, mas nem vou i a escola porque já sei que não vou aprender mesmo".

"Isso é só fogo de palha, já teve desse tipo de aula na nossa escola, mas ou os alunos vão embora, ou a professora desiste e acaba tudo em nada".

"Olha, eu sei que tem muita gente que precisava ir, mas eu acho que não vão não, já teve dessas aulas no Mobral aqui. Alguns só pegaram o livro, ficaram poucos dias e saíram, outros foram desistindo porque teve um grupo de moleques desses de rua que começaram a chamar eles de burro. Depois disso nunca mais teve outro curso".

"Eu acho que não vai ninguém, os professores desses cursos se não cuidá, sabem menos do que os aluno".

Essas e outras informações apontam para um certo descrédito por parte da comunidade quanto aos cursos de alfabetização e, por que não dizer, da educação de adultos em geral.

Esse descrédito é causado, de certa forma, pela falta de compromisso das instituições governamentais, por não sentirem a educação de adultos como um problema que lhes compete enfrentar.

O fato de haver ou não um trabalho de educação de adultos no município não alterava em nada a posição dos administradores da prefeitura, por exemplo, porque, afinal, isto não é sentido como uma responsabilidade da instituição. A prefeitura, de modo geral, só se considera responsável pela rede regular de ensino. Quanto à educação de adultos, se ela existir, bem, se não existir, não faz falta; se a educação de adultos tem uma boa qualidade, bem, se a qualidade não é muito boa, pode funcionar assim mesmo.

Aceitam-se, sem maiores questionamentos, teorias que consideram como "normal" para o ensino de adultos, índices que alcançam até 70% de evasão e repetência. Estas teorias servem como justificativa para a baixa qualidade do ensino.

De acordo com semelhantes concepções, generalizadas na sociedade, não é preciso um professor. É suficiente um "monitor", isto é, qualquer pessoa, sem nenhuma qualificação especial, pode ensinar a adultos. O "monitor" não tem uma remuneração, basta uma "gratificação", não havendo quase nunca um contrato e direitos trabalhistas, férias e décimo-terceiro.

Esta é a visão ideológica que prevalece na sociedade a respeito da educação de adultos, uma educação destinada aos trabalhadores, e como tudo no Brasil, destinado aos trabalhadores, nos últimos anos, é de baixa qualidade, feito de qualquer maneira, quase que apenas para constar.

Muito contribui para cristalizar esta visão ideológica a prática do Mobral. De um lado, centralizadora e, de outro, de baixa qualidade.

O planejamento das ações do Mobral, desde a sua criação até o final da década de 1970, foi orientada pelo "caráter nacional dos programas, com conteúdos únicos para todo o território nacional, material didático e mecanismos de atuação padronizados, visando atingir o maior número de pessoas com custos reduzidos"[1].

Para planejar uma ação que atendesse de um modo rápido à população analfabeta, o Mobral central optou pelo estabelecimento de metas de conveniamento para todos os estados, por meio de cálculos projetivos que tinham como base os índices e os dados de analfabetismo registrados no Censo Demográfico de 1970.

Com o passar dos anos, este processamento sofreu um sério desgaste, principalmente pela preocupação excessiva com índices, generalização dos programas com conteúdos únicos, professores não habilitados, mal pagos, baixa qualidade de ensino, uma espécie de vale-tudo, que deixou marcas profundas na comunidade.

Este descompromisso, essa falta de consciência, reflete-se na comunidade.

A desmobilização chega a alcançar diretamente os educandos. E eles não esperam muito da educação que lhes é oferecida. Muitos não se inscreveram no programa por esta falta de crença. Preferem permanecer inertes no seu mundo do que frequentar uma escola que, supostamente, dará início às atividades sem chegar ao seu final e se, de antemão iniciarem, acabarão se evadindo no processo.

Essas e outras constatações se constituíam num desafio ainda maior. Era preciso primeiro resgatar a credibilidade dos educandos e da comunidade. Era preciso também despertar as instituições para a importância do trabalho na área de educação de adultos.

---

1. CORRÊA, Arlindo Lopes. *Educação de massas e ação comunitária.* AGGS, Mobral, 1979, p. 134.

Uma coisa nos parecia muito clara: só existia um meio de alcançar este objetivo: através da realização de um trabalho sério e comprometido, o que implicava necessariamente numa proposta de trabalho que permitisse ao alfabetizando se expressar, ser autor dos seus próprios atos de leitura e escrita, criar e recriar, enfim ser sujeito do seu próprio processo de construção do saber.

Para isso foi preciso que ficássemos alertas a todos os detalhes, que ouvíssemos muito mais do que falássemos, porque "tudo que tem estrutura de linguagem é revelador".

Também estávamos exercitando o ato de aprender a ouvir, ou seja, estávamos ambos, professor e alunos, com o mesmo objetivo, qual seja: aprender. Isto nos colocava de um lado como iguais e de outro como sujeito suposto saber[2], o que possibilitou a criação de um laço/vínculo[3] mui-

---

2. *Sujeito suposto saber* e ignorânica. Sujeito que *dá suporte*, que segura a ignorância do outro. Dar suporte, segurar a ignorância, não significa a atitude de alguém que tem a solução pronta e que tapa o buraco. Trata-se de alguém que vai tentar dar elementos para que cada um saia do buraco. Só quem pode sair do buraco é cada um dos que querem aprender. Porque para aprender, como diz Sara Pain, há uma função para a ignorância. A ignorância não é o não saber, a ignorância é um saber incompleto. Para saber mais eu preciso enfrentar a incompletude do meu saber atual. E isso é duro. É desagradável. É um luto. Por isso preciso de suporte – sujeito suposto saber. O outro, em quem suponho estar o saber que me falta. Em situação de sala de aula este outro é quase sempre o professor. A possibilidade de sair está na confiança que embasa a certeza de que pode haver saída.

3. Laço/vínculo – No primeiro dia de aula, inicia-se uma trama entre professor x alunos. Cria-se ou não um laço que pode ser:
- Imaginário – afetivo/amoroso que está ligado à questão da identificação que tem a ver com aspectos narcisísticos.
- Simbólico – o laço determinado pelo simbólico tem a ver com o saber do professor (é o que representa determinada coisa).
- Real – o laço determinado pelo real é aquilo que aparece. O real é sem sentido, pode revelar a ação da verdade. É o insuportável de suportar.

to forte que está ligado à questão da identificação, fundamental para a aprendizagem.

Fomos percebendo que deixar as pessoas falarem de si, das coisas que sabem, além de fazer um bem muito grande, por se sentirem valorizadas e encorajadas, revelava também aquilo que não sabiam, ou seja, de todo dito – discurso comum – podia-se colher um dizer – verdade revelada.

Sendo assim, toda relação do saber se dava em nível de perceber o não saber.

O não saber, percebido através do saber, constituía-se no elemento de sustentação do nosso fazer.

Para isso, principalmente nos primeiros tempos, era preciso que, durante ou logo após a aula, fossem registrados todos esses fatores reveladores de verdades.

Assim, iniciava-se uma caminhada, cujo caminho ia sendo construído ao caminhar. Sabia-se que o trajeto a ser percorrido teria que ser construído por cada um, em particular. Como? Enfrentando as dificuldades, aprendendo a partir delas, posicionando-se, decidindo, assumindo, enfim, fazendo e refazendo.

Foi assim que se conquistou a confiança dos alfabetizandos, e esses por sua vez foram os responsáveis, por meio de posições, atitudes, comportamentos e reações, de resgatar junto às famílias/comunidade a credibilidade com relação à validade do programa.

Inicialmente as famílias reagiam com um certo sarcasmo frente às escritas produzidas pelos alfabetizandos. Constatava-se isso através de observações, feitas pelos próprios alfabetizandos, tais como:

"Eu já nem pergunto mais nada em casa daquilo que eu não sei, porque eles não entendem o que a gente está fazendo, e dão risada, achando que tá tudo errado".

"Eu nem mostro mais meu caderno, porque lá em casa eles acham que a gente não faz nada, porque eu não tenho nada copiado no caderno".

"Eu precisava a letra v e não sabia mais como ela era, então eu fui perguntar para o meu irmão e ele disse para eu pedir para a professora passar o ABC no caderno para eu poder decorar, porque caso contrário eu nunca iria aprender. Eu também, depois disso, nunca mais perguntei nada".

Procurava-se refletir com eles que esse tipo de reação, por parte da família, era normal, e que portanto eles não se preocupassem muito com isso. Recomendava-se inclusive que, na medida do possível, a tarefa de casa fosse feita sem ajuda de ninguém, até para evitar a interferência negativa de alguém.

Porém, com o tempo fui percebendo que em geral cada um havia selecionado um entre os familiares, como aquele de sua confiança, aquele em que ele supunha encontrar o saber que precisava, quando não podia recorrer à professora.

Após um mês de aula mais ou menos, as observações que vinham de casa já eram bem diferentes.

"Eu chego em casa, tá todo mundo me esperando, me rodeiam e me fazem mil perguntas, eu tenho que contar tudinho o que aconteceu na aula, o que a gente faz, o que os outros colegas dizem, quem fez a tarefa de casa, quem não fez, quem acertou mais, com que roupa que a professora estava vestida. Querem saber a tarefa do dia seguinte e ficam torcendo a cada letra que eu vou acrescentando em determinada palavra. Há... eu me empolgo e acabo falando demais..."

"Eu tenho três filhos que vão na escola, e eles agora tão bem faceiro... eles querem ajudar, mais às vezes acabam me atrapalhando, porque eles querem que eu traga tudo certinho pra professora e daí eles ficam me dizendo onde falta letra, então eu digo que não adianta eles dizer, que a professora descobre na hora que alguém ajudou. Daí agora de tanto eu dizer pra eles que a professora não diz a letra que falta, que ela faz a gente descobrir, eles ficam às vezes meia hora dizendo: Mãe, a senhora lê de novo que a senhora acha. E quando eu descubro eles fazem a maior festa, me beijam, me abraçam. Até o clima lá de casa mudou".

"Eu tô passando trabalho, o meu piá não qué mais fazer os deveres dele, agora ele deu pra querer fazer as mesmas tarefas que eu faço. Isto quando ele não insiste de levar pra aula essa tarefa. Outro dia até fui chamado na escola, queriam saber o que estava acontecendo com o Reginaldo. A professora dele achou que era eu que tava obrigando ele a fazer outros deveres. Daí então eu expliquei tudo pra ela, disse até que ele não tava mais querendo ir à aula de manhã, queria ir à noite comigo" (Reginaldo estava na 2ª série).

"Aqueles que riam de mim, dizendo que era doida, ir pra aula depois de velha, que quem não aprende de criança não aprende mais, é difícil pra eles acreditar que eu já estou escrevendo... eu nem me admiro, porque eu também mal acredito... Ditam um monte de palavras, pra ver se realmente é eu que escrevo. Ainda assim eles não acreditam, dizem que têm que conhecer essa professora, porque se é assim, até eles querem voltar pra escola".

Entre esses, outros tantos depoimentos e reações nos permitiram detectar uma certa alteração de conceito com relação ao curso de alfabetização de adultos.

- Quase diariamente alguém trazia a notícia de um vizinho, parente ou amigo interessado em ingressar no curso, assim que abríssem novas vagas.

- Quando se aproximava o horário da aula, os vizinhos iam para a janela, para verem os alunos e a professora passar. Cumprimentavam e se possível puxavam assunto, que girava sempre em torno das aulas.

- Os filhos dos alfabetizandos depois de virem uma vez junto com os pais por questão de necessidade, queriam vir todas as noites e participavam ativamente das atividades, comentando posteriormente com os coleguinhas o quanto aquela aula com aquela professora era diferente, gerando assim curiosidade, a ponto de os meninos rodearem a sala e ficarem assistindo pela vidraça. Isso passou a repercutir e ser alvo de comentários, por toda a comunidade.

Com frequência, recebíamos bilhetinhos de crianças, que nem bem conhecíamos, mas que assistiam à aula pela vidraça, com observações do tipo:

"Você é a professora mais linda do mundo".

"Nóis queremos que você seje a nossa professora".

"Nos te amamos de paixão. Mil beijos".

"Professora, você é querida, querida, querida".

"Nóis queria estudar à noite, porque a professora da noite não briga".

Essas observações, vindas de crianças, podem parecer simples num primeiro momento, mas se analisadas sob outro ponto de vista podem também estar denunciando o tipo de escola que têm e ao mesmo tempo anunciando o desejo de uma nova escola, uma escola diferente.

Passamos a observar também que, com frequência, aparecia alguém para observar o desempenho de seu parente, vizinho ou amigo em sala de aula, e acabava ficando até o final da aula. Além disso, muitos vinham no início ou final, cheios de satisfação, para saber sobre o rendimento de determinado aluno.

Passamos a receber convites especiais para participar das festas da comunidade. Inclusive convite para atuar como catequista e participar da equipe de liturgia da igreja local.

Como duas alunas tinham problemas sérios de visão, foram encaminhadas ao oftalmologista e, posteriormente, com a coincidência da época de eleição, conseguimos através da prefeitura os óculos para as mesmas.

Nesse contato com o prefeito aproveitamos o espaço para falar sobre o trabalho e dizer da necessidade de se pensar urgentemente num projeto que pudesse, dentro dessa linha, atender um maior número de pessoas. O prefeito, não sei se contagiado ou não pelo nosso entusiasmo, demonstrou muito interesse pelo trabalho. Para nossa surpresa, dois dias depois, recebíamos a visita de dois técnicos da Secretaria de Educação. Num primeiro momento, por se tratar de período político, suspeitamos ser apenas interesse eleitoreiro. Como sequer falaram em voto, passamos a acreditar num possível interesse, por parte da prefeitura, em conhecer melhor o trabalho. Posteriormente, fomos convidados a relatar a experiência numa reunião pedagógica junto a todos os professores municipais.

Acreditamos ter sido um bom espaço para sensibilizar aquela instituição para a importância de um trabalho mais ousado, nessa área.

Os contatos foram desativados em função das eleições e das festas de final de ano, portanto é prematuro emitir qualquer conclusão. De qualquer forma, foi uma primeira tentativa.

Deslocando o eixo – À guisa de conclusão

Podemos concluir parcialmente, por meio dessa experiência, que é possível aumentar o índice de matrícula, frequência e aprovação dos alunos, em cursos de alfabetização de adultos, a partir de um trabalho cujo eixo central seja deslocado do indivíduo para o sujeito e principalmente cujo professor, tido em situação de sala de aula como sujeito suposto saber, reformule radicalmente a compreensão que tem acerca das bases teóricas da aprendizagem.

Para tanto, surge a necessidade imperiosa de possibilitar aos professores um processo constante de reflexão sobre a visão de mundo, que está embasando sua prática. O que, por que, para quem e para que se está trabalhando, são questões que precisam estar muito claras, para que o professor deixe de ser aquela figura que, arbitrariamente, detém o conhecimento e que portanto pode fornecê-lo, a quem supostamente não tem, para se tornar aquele suporte indispensável, a todo aquele que quer aprender, ou seja, a todo aquele que se coloca um problema, sobre o que está sendo estudado. Que apresente uma falta, uma lacuna.

A criação do vínculo/laço entre professor x aluno é fundamental. Porém, ele só se estabelece se houver uma interação entre iguais, na aprendizagem. Entre iguais significa os que se veem igualmente à procura do saber, supostamente não posssuindo a autoridade do conhecimento.

O adulto analfabeto, por se deparar constantemente com problemas relacionados à falta da leitura e da escrita, já tem superado o nível pré-silábico. Ele pode não conhecer as letras, mas tem muito claro que se escreve com letras, tanto que a primeira coisa que quer aprender é o ABC. Ele tem consciência de que as letras são básicas para dominar aquilo que tanta falta lhe faz, ou seja, leitura e escrita.

No que se refere à sequência de níveis de concepção dos alfabetizandos adultos em relação ao alfabetizando criança, podemos constatar que são praticamente iguais. As passagens pelos mesmos é que se dão de forma mais rápida. Esses níveis são constituídos por um conjunto de conceitos. Um conceito nasce do estabelecimento de relações e não precede o estabelecimento delas. Um conceito não se origina do abstrato, mas de uma atuação de vida. Considerando a experiência de vida do alfabetizando adulto e consequentemente o domínio de uma gama muito grande de conceitos, justifica-se a possibilidade de aceleração na passagem de um nível ao outro.

Acreditar na capacidade de aprender de cada um constitui-se fator preponderante para o resgate da autoconfiança, indispensável na aprendizagem, porém desacreditada e marginalizada, ao longo de praticamente todas as suas experiências, junto à sociedade letrada.

Toda e qualquer técnica que, antecipadamente, estabeleça passos a serem uniformemente seguidos, não tem condições de atingir minimamente os alfabetizandos adultos, que em geral se concentram em classes populares, uma vez que não levam em conta esse processo, pelo qual passa o alfabetizando, moldando o ensino somente na lógica do sistema da escrita. E neste caso até se alfabetiza, ou seja, transforma-se homens em robôs. Na medida, porém, em que esses robôs perderem seus programadores (professores), perdem também sua ação.

Embora esse trabalho não tenha como objetivo explícito analisar a relação dialética entre o conteúdo e a forma no processo ensino-aprendizagem, essa questão esteve subjacente ao longo do seu desenvolvimento. Talvez por se tratar de um resquício trazido da escola e se constituir numa das principais inquietações que, em meio a muita luta, vimos tentando superar.

Atualmente, o que se faz nas licenciaturas, nos curso de Magistério e de Pedagogia, é uma justaposição entre as chamadas disciplinas de conteúdo e as chamadas pedagógicas. As disciplinas "de conteúdo" são desenvolvidas sem nenhuma preocupação (salvo raras exceções) com a forma, pela qual os futuros professores estão aprendendo aquele conteúdo. Nas disciplinas "pedagógicas" são ensinadas as teorias da aprendizagem, as diferentes concepções de educação etc. Mas, salvo também raras exceções, pouca ou nenhuma relação é feita com o conteúdo, visto nas disciplinas "de conteúdo". Para completar uma "formação humanística sólida", o futuro professor tem aulas de sociologia, filosofia etc., onde se procura mostrar que a educação é um ato político, que ela se insere numa estrutura social, marcada pela luta de classes etc. Evidentemente que essas disciplinas não têm mantido, em geral, nenhuma relação com as primeiras.

Não estamos considerando, de maneira alguma, desnecessária a especificidade de cada disciplina. Evidentemente que umas enfocam mais determinado aspecto da prática pedagógica, enquanto outras enfocam outro. Mas não adianta o futuro professor aprender em uma disciplina que ele pode, através de sua prática, especificamente pedagógica, contribuir para as transformações sociais, e em outra aprender que, no processo ensino-aprendizagem ele pode desenvolver no educando uma postura de sujeito frente ao seu aprendizado e também frente à realidade social, se nessas disciplinas todas, em que o futuro professor for aprender o conteúdo propriamente dito, a forma pela qual ele aprende esse conteúdo esteja baseada numa concepção gnosiológica incoerente com uma visão da realidade e do conhecimento, enquanto um processo. No final, esse professor acabará ensinando do modo como ele aprendeu esse conteúdo, independentemente do discurso que ele tenha, sobre o processo ensino-aprendizagem e sobre a função político-social da educação. Ou seja, a forma do processo ensino-aprendizagem precisa manter uma relação orgânica com o conteúdo e essa relação, entre os dois, precisa ser conscientemente orientada, em função dos objetivos que se pretende alcançar, o que tem a ver diretamente com a visão de mundo, de homem e de sociedade em que se acredita.

Ter alfabetizado um grupo de quinze alunos em apenas dois meses e meio deve-se, em grande parte, à relação orgânica estabelecida entre conteúdo e forma. Finalmente, gostaríamos de acrescentar que não pretendemos com esse trabalho apresentar nenhum modelo. Aliás, nem poderíamos, se considerarmos a especificidade de cada grupo e o fato de a experiência não ter sido ainda concluída. O principal é que ele é uma tentativa de atuação concreta, no sentido de provar que o alfabetizando adulto não é aquele indivíduo "burro, incapaz, desnutrido, pobre, e que não aprende", segundo os rótulos definidos pela sociedade letrada. Mas sim que ele, numa situação de sala de aula em que se estabeleça uma relação entre iguais, onde professor e aluno estão igualmente à procura de saber, onde o professor aposta na capacidade de aprender do aluno, onde a ele é dado espaço para se expressar, onde os seus ditos são trabalhados e aproveitados em nível de grupo, onde ele se sente sujeito e construtor do seu saber, onde os conteúdos não são apresentados como prontos e acabados, onde não há uma sequência ordenada de coisas arbitrariamente preestabelecidas para aprender, este mesmo homem sai da condição de indivíduo e passa a ser sujeito, passa a ser gente, passa a se sentir capaz de interferir na sociedade para transformá-la.

Referências

ARROIO, Miguel G. et al. *Da escola carente à escola possível.* São Paulo: Loyola, 1986.

BRANDÃO, Carlos F. (org.). *A questão política da educação popular.* São Paulo: Brasiliense, 1980.

COELHO, Maria Inês de M. "Prática docente na escola de 1º Grau". *Educação em Revista* (4), 1986, p. 22-29. Belo Horizonte: [s.e.].

CORRÊA, Arlindo Lopes. *Educação de massas e ação comunitária.* AGGS/Mobral, 1979, p. 134.

FERREIRO, Emília. *Reflexões sobre alfabetização.* 9. ed. São Paulo: Cortez/Autores Associados, 1987.

_____. *Psicogênese da língua escrita.* Porto Alegre: Artes Médicas, 1985.

FREIRE, Paulo. *Educação e mudança.* Rio de Janeiro: Paz e Terra, 1983.

_____.*Conscientização.* São Paulo: Moraes, 1980.

GEEMPA. *Conceitos básicos para uma proposta construtivista.* Porto Alegre, 1989 [Estudo apresentado no II Encontro de Estudos sobre a Generalização de Proposta Alternativa em Alfabetização].

_____. *Alfabetização em classes populares.* Porto Alegre: Karup, 1986.

_____. *Proposta didática de alfabetização* – História de um projeto. Porto Alegre: [s.e.], 1986.

GROSSI, Esther P. *Alfabetização em classes populares* – Didática do nível Alfabético. Porto Alegre: [s.e.], 1988.

_____. *Alfabetização em classes populares* – Didática do nível Silábico. Porto Alegre: [s.e.], 1987.

_____. *Alfabetização em classes populares* – Didática do nível Pré-silábico. Porto Alegre: [s.e.], 1985.

KOPNIN, P.V. *A dialética como lógica e teoria do conhecimento.* Rio de Janeiro: Civilização Brasileira, 1978.

LINS, Maria Judith - S.C. *A estruturação da inteligência do pré-escolar segundo Piaget.* Rio de Janeiro: [s.e.], [s.d.].

MARZOLA, Norma. *Escola e classes populares* [Dissertação de mestrado – Curso de Pós-graduação em Antropologia, Política e Sociologia].

OLIVEIRA & DUARTE. *Socialização do saber escolar.* São Paulo: Cortez/Editora e Autores Associados, 1985.

PAIN, Sara. *Dificuldades de aprendizagem* – Tratamento psicopedagógico Geempa, 1984

RODRIGUES, Nelson. *Por uma nova escola.* 2. ed. São Paulo: Cortez /Autores Associados, 1986.

SAVIANI, Demerval. *Escola e democracia.* São Paulo: Cortez, 1984.

_____. "As teorias da educação e o problema da marginalidade na América Latina". *Cadernos de Pesquisa*, n. 42. São Paulo: Fundação Carlos Chagas, 1982.

SOARES, Magda. *Linguagem e escola*: Uma perspectiva social. São Paulo: Ática,1987.

ANEXOS

1. Tabelas estatísticas

TABELA DE FREQUÊNCIA		
MESES	Nº DE ALUNOS	FREQUÊNCIA (%)
Setembro	15	90
Outrubro	15	99
Novembro	15	98
15/dez/88 a 15/mar/89 – Férias	-	-
Maio/89	15	98,5

Fonte: Ficha de frequência
Grupo de Alfabetização de Alunos.

TABELA DE EVOLUÇÃO DOS ALUNOS						
Nível dos alunos	Período de testagem					
	Setembro 1ª testagem	Outubro 2ª testagem	Novembro 3ª testagem	15/dez/88/14/mar/89	88 89	Maio 4ª testagem
Pré-silábico I	-	-	-	Férias		
Pré-silábico II	2					
Intermediário II	7	1				
Silábico	4	5				
Intermediário	1	4	2			
Alfabético	1	5	6			1
Ortográfico	-	1	7			14

Fonte: Turma de Alfabetização de Adultos.
Grupo Escolar Nossa Senhora Aparecida.

2. Entrevista de alunos

MARIA OLENDINA DA SILVA

P - Em geral, como é que as pessoas costumam te chamar? De Maria, de Olendina, ou de algum apelido?

A - Ah, por Maria.

P - E você, gosta que te chamem assim?

A - É, tem que gostar.

P - Você nunca teve nenhum apelido, nem na época de menina?

A - Eu adorava quando me chamavam de Pa, ainda tem alguns irmãos que me chamam.

P - Vocês não acham que Pa combina mais com ela? Que tal chamá-la de Pa? Todos concordaram e ela se sentiu muito à vontade.

P - Qual a sua principal ocupação?

A - Doméstica.

P - O que você mais gosta de fazer em casa?

A - Tricô, principalmente roupinha de bebê, mas eu gosto de fazer de tudo.

P - O que você não gosta numa pessoa?

A - Quando ela olha a gente de cima até embaixo e não cumprimenta. Eu acho que, quando uma pessoa passa pela outra, no mínimo ela deve dar um alô, ou fazer um jeito de rir, qualquer coisa, menos te olhar e nada dizer.

P - O que você mais aprecia numa pessoa?

A - A simpatia.

P - Você chegou a frequentar a escola?

A - Não.

P - Você lembra por que não teve acesso à escola quando criança?

A - Porque a gente morava num sítio, era bem longe, não tinha condições de ir, e também porque aos 8 anos eu sofri um acidente e fiquei paralítica.

P - Apesar de você morar no sítio e não ter condições de ir para a escola, você na época sentia vontade de ir?

A - Não, a gente mal ouvia falar de escola.

P - Depois que você veio para um centro maior, nunca mais teve vontade? Ou faltou oportunidade?

A - Vontade eu tinha, poderia até ter ido com os outros irmãos, mas daí ficava com vergonha, achava que era feio, porque já era bem maior que as outras crianças e eu nunca tive coragem, com medo que fossem rir de mim. Mas hoje, depois de sentir tanta falta do estudo, a melhor coisa para mim foi ter aparecido este curso.

P - Dessas faltas que você sentiu e sente da leitura e escrita, qual foi a que mais a marcou?

A - Ah, tudo, não posso sair sozinha, cada vez que eu saio tem que ir alguém comigo, na missa tenho vontade de acompanhar lendo no folheto, chego a ficar olhando pro papel pra ver se acontece um milagre (solta risada), os cantos da missa eu aprendo na prática, cantando.

P - Mais alguma coisa...

A - Uma receita de remédio, uma carta que você quer ler precisa pedir para a vizinha, escrever pros parentes, uma receita de tricô, ah,... tudo... tudo...

P - O que você sentiu quando soube dessa oportunidade de poder frequentar o curso?

A - Ah, eu já tinha muita vontade de estudar, eu sabia que tinha um curso na Procasa em Capoeiras, mas é muito longe e eu não poderia frequentar, então depois que eu soube do curso aqui, até chegava a sonhar, e num sonho eu sonhei que o curso só aguentou uma semana e eu acordei triste e fiquei triste o dia inteiro.

Hoje, credo... Não vejo a hora de chegar a noite. Tô bem feliz.

P - O que você gostaria de aprender primeiro?

A - A ler, né, escrever também é importante, não sei qual é mais importante aprender primeiro... porque têm pessoas que sabem ler, mas não sabem escrever, né.

P - Em aprendendo a ler ou escrever, o que você gostaria de saber primeiro?

A - O meu nome, né... porque em qualquer repartição que a gente vai a primeira coisa que tem que fazer é sujar o dedo.

P - O seu nome, você não sabe escrever, nunca ninguém lhe ensinou?

A - Não. Não sei nadinha, não sei nada, nada.

MARIA INÁCIA EMILIANO

P - Você tem algum apelido? Como em geral as pessoas costumam chamá-la?

A - Não tenho apelido, todos me chamam de Inácia, porque eu gosto mais de Inácia do que de Maria.

P - Então também nós vamos chamá-la pelo segundo nome.

P - Você gosta de seu nome?

A - Não gosto muito.

P - Por quê? Você saberia dizer?

A - Porque se fosse menor talvez seria mais fácil de escrever e daí eu poderia saber.

P - Inácia, você já foi à escola antes?

A - Só por um mês, quando eu era bem pequena.

P - Você lembra por que teve que sair?

A - Porque nós morávamos bem no interior de Bom Retiro e a escola ficava muito longe de nossa casa. Para chegar à escola tinha que atravessar um campo enorme, cheio de gado bravo. O meu pai tinha muito medo de deixar a gente atravessar sozinha, e por isso tirou eu e meus irmãos da escola.

P - Você lembra se ficou triste por ter que sair da escola?

A - Fiquei muito triste, até hoje o meu maior sonho é aprender a ler e escrever – admira quem sabe.

P - E nesses anos todos não apareceu nenhuma oportunidade para você voltar à escola?

A - Eu até ficava sabendo de cursos, mas tinha vergonha de ir.

P - Por que você resolveu participar desse curso?

A - Porque todo mundo vinha dizendo que era tão bom, que já estava escrevendo, e eu me enchi de coragem e vim.

P - Teve alguém que incentivou para que você viesse?

A - O pessoal do meu serviço deu a maior força.

P - Onde é que você trabalha?

A - Trabalho de faxineira na Comcap.

P - No seu trabalho, o que você mais gosta de fazer?

A - Limpar o chão, mas o que eu gostaria mesmo era trabalhar de bater máquina (datilografia).

P - Nas horas de folga, o que você mais gosta de fazer?

A - Gosto de assistir a novela Vale Tudo, só que agora não dá mais, nesse horário vou estar em aula.

P - Qual o personagem da novela de que você mais gosta?

A - Raquel (respondeu imediatamente).

P - Por quê?

A - Ah, porque ela é tão sincera, tão honesta.

P - Você tem algum animalzinho de estimação?

A - Sim, um gato.

P - Você tem filhos?

A - Não sou casada, sou solteira.

P - Inácia, entre os problemas que você enfrenta e já enfrentou por não saber ler e escrever, qual o que mais a marcou?

A - Ah, tudo é dificuldade, nem sei dizer.

P - Faça um esforço, diga a primeira coisa que lhe veio à cabeça.

A - O que mais me senti envergonhada foi quando fui fazer a carteira de identidade, o moço me deu a caneta para eu assinar meu nome – só sei que fiquei vermelha, olhei para o moço, levantei os olhos para o alto, como um desejo de que Deus naquele momento fizesse um milagre, para que eu pudesse escrever meu nome igual a todas aquelas pessoas que estavam ali. Fiquei por uns minutos paralisada, até que o moço me perguntou se eu não sabia escrever. Então eu abanei com a cabeça que não.

SÉRIE
CADERNOS DE GESTÃO
Heloísa Lück

Volume I
GESTÃO EDUCACIONAL – Uma questão paradigmática

Volume II
ONCEPÇÕES E PROCESSOS DEMOCRÁTICOS DE GESTÃO EDUCACIONAL

Volume III
A GESTÃO PARTICIPATIVA NA ESCOLA

Volume IV
LIDERANÇA EM GESTÃO ESCOLAR

Volume V
GESTÃO DA CULTURA E DO CLIMA ORGANIZACIONAL DA ESCOLA

Os **Cadernos de Gestão** foram elaborados e desenvolvidos para que diretores, supervisores, coordenadores e orientadores educacionais reflitam sobre as questões ligadas à gestão educacional e escolar, para o norteamento do seu trabalho, de forma conjunta e integrada, assim como para que profissionais responsáveis pela gestão de sistemas de ensino compreendam os processos da escola e do efeito do seu próprio trabalho sobre a dinâmica dos estabelecimentos de ensino.

CULTURAL

Administração
Antropologia
Biografias
Comunicação
Dinâmicas e Jogos
Ecologia e Meio Ambiente
Educação e Pedagogia
Filosofia
História
Letras e Literatura
Obras de referência
Política
Psicologia
Saúde e Nutrição
Serviço Social e Trabalho
Sociologia

CATEQUÉTICO PASTORAL

Catequese
  Geral
  Crisma
  Primeira Eucaristia

Pastoral
  Geral
  Sacramental
  Familiar
  Social
  Ensino Religioso Escolar

TEOLÓGICO ESPIRITUAL

Biografias
Devocionários
Espiritualidade e Mística
Espiritualidade Mariana
Franciscanismo
Autoconhecimento
Liturgia
Obras de referência
Sagrada Escritura e Livros Apócrifos

Teologia
  Bíblica
  Histórica
  Prática
  Sistemática

REVISTAS

Concilium
Estudos Bíblicos
Grande Sinal
REB (Revista Eclesiástica Brasileira)
SEDOC (Serviço de Documentação)

VOZES NOBILIS

Uma linha editorial especial, com importantes autores, alto valor agregado e qualidade superior.

VOZES DE BOLSO

Obras clássicas de Ciências Humanas em formato de bolso.

PRODUTOS SAZONAIS

Folhinha do Sagrado Coração de Jesus
Calendário de Mesa do Sagrado Coração de Jesus
Folhinha do Sagrado Coração de Jesus (Livro de Bolso)
Agenda do Sagrado Coração de Jesus
Almanaque Santo Antônio
Agendinha
Diário Vozes
Meditações para o dia a dia
Guia do Dizimista
Guia Litúrgico

CADASTRE-SE
www.vozes.com.br

EDITORA VOZES LTDA.
Rua Frei Luís, 100 – Centro – Cep 25689-900 – Petrópolis, RJ – Tel.: (24) 2233-9000 – Fax: (24) 2231-4676
E-mail: vendas@vozes.com.br

UNIDADES NO BRASIL: Aparecida, SP – Belo Horizonte, MG – Boa Vista, RR – Brasília, DF – Campinas, SP
Campos dos Goytacazes, RJ – Cuiabá, MT – Curitiba, PR – Florianópolis, SC – Fortaleza, CE – Goiânia, GO
Juiz de Fora, MG – Londrina, PR – Manaus, AM – Natal, RN – Petrópolis, RJ – Porto Alegre, RS – Recife, PE
Rio de Janeiro, RJ – Salvador, BA – São Luís, MA – São Paulo, SP
UNIDADE NO EXTERIOR: Lisboa – Portugal